Nouvelle édition 2022

CYCLE 4

3e

Par les auteurs de *L'envol des lettres*

Mon cahier de Français

Préparation au Brevet

Leçons, méthode et exercices

Sous la direction de Florence Randanne
Agrégée de Lettres classiques

Gaëlle Brodhag
Agrégée de Lettres classiques

Florence Cognard
Agrégée de Lettres classiques

Émilie Delon
Agrégée de Lettres modernes

Nicolas Drapeau
Agrégé de Lettres modernes

Nathalie Marin
Agrégée de Lettres modernes

Delphine Rouault
Agrégée de Lettres modernes

Elvire Sergheraert
Agrégée de Lettres classiques

Nom : El Moussaoui

Prénom : Yassin

Classe : 9

Année : 2023-2024

Belin ÉDUCATION

Sommaire

Réécriture et dictée

Rédaction

Entraînement au brevet

MÉMO

Se préparer à l'épreuve du Brevet

Les **épreuves du Brevet** en français s'organisent en **trois parties** qui se succèdent sur une même demi-journée.

1 Questions sur le texte et l'image

1h10 | 50 pts

Cette partie comprend **l'analyse et l'interprétation d'un texte**, à l'aide de questions de compréhension et de langue. Une ou deux questions de cette partie mettent en perspective le texte avec un **document iconographique** (peinture, photographie) portant sur le même thème.

Les questions sont réparties en deux catégories :

- **Compréhension et compétences d'interprétation** (sur le texte et l'image).
- **Grammaire et compétences linguistiques** (comprenant la réécriture d'un passage du texte étudié).

▶ Lire très attentivement le texte

N'hésitez pas lors de votre lecture à souligner au crayon à papier des mots ou expressions qui vous semblent importants. Procédez à quelques remarques d'ensemble en suivant la méthode présentée dans le schéma ci-dessous.

Les questions à se poser sur le texte

Est-ce un texte narratif ?
→ 16. Identifier le genre d'un texte, p. 38.

- Est-il rédigé à la 1re ou à la 3e personne ? Qui est le narrateur ?
→ 17. Identifier le narrateur, p. 40.
- À quel temps est mené le récit ?
→ 6. Analyser l'emploi du présent de l'indicatif, p. 16.
→ 7. Analyser les temps dans un récit au passé, p. 18.
- Y a-t-il des paroles rapportées ? des passages descriptifs ?
→ 10. Analyser les paroles rapportées, p. 24.
→ 18. Repérer le cadre spatio-temporel, p. 42.

Est-ce un texte argumentatif ?
→ 15. Analyser l'expression d'un jugement, p. 36.

- Qui est l'émetteur ? et le destinataire ?

Est-ce un article de presse, un essai ou une lettre ouverte ?

- Le but est-il d'informer ? d'émouvoir ? de convaincre ?
→ 9. Identifier la modalisation, p. 22.

Est-ce un texte théâtral ?
→ 20. Analyser un texte théâtral, p. 48.

- Est-ce un dialogue ? un monologue ?
- S'agit-il d'un extrait comique ? tragique ? dramatique ?
→ 8. Analyser les registres de langue, p. 20.
→ 22. Caractériser la tonalité ou l'atmosphère d'un texte, p. 54.

Est-ce un texte poétique ?
→ 19. Analyser un poème, p. 44.

- Repérez-vous une forme fixe ? des vers libres ? de la prose poétique ?

▶ Observer le document iconographique

Posez-vous les questions suivantes :

- de quel type d'œuvre s'agit-il (tableau, affiche, photographie…) ?
- quel est le thème commun à l'iconographie et au texte ?
- comment l'image est-elle composée ? quelle est sa visée ?

Répondre aux questions

Compréhension et compétences d'interprétation

Vous devez vous appuyer sur des éléments du texte et de l'image :

- les champs lexicaux ;

→ **14. Repérer et interpréter un champ lexical, p. 34.**

- les modalisateurs ;

→ **9. Identifier la modalisation, p. 22.**

- les figures de style ;

→ **11. Identifier et interpréter les figures de style, p. 26.**
→ **21. Analyser les procédés d'écriture, p. 52.**
→ **22. Caractériser la tonalité ou l'atmosphère d'un texte, p. 54.**

- les sujets représentés, les couleurs dominantes, les lignes de force, etc., de l'image.

→ **23. Mettre en relation un texte et une image, p. 56.**

Pensez à justifier vos réponses et à les rédiger soigneusement.

Grammaire et compétences linguistiques

Ces questions vous aident à comprendre le sens du texte et à en percevoir les nuances. **Elles s'appuient fréquemment sur les observations de langue suivantes :**

- les valeurs des temps employés ;

→ **6. Analyser l'emploi du présent de l'indicatif, p. 16.**
→ **7. Analyser les temps dans un récit au passé, p. 18.**

- les expansions et reprises du nom ;

→ **2. Analyser les expansions du nom, p. 8.**
→ **13. Identifier les reprises nominales et pronominales, p. 32.**

- les expressions des circonstances ;

→ **3. Repérer et analyser les compléments circonstanciels, p. 10.**

- les paroles rapportées ;

→ **10. Analyser les paroles rapportées, p. 24.**

- les types et formes de phrases ;

→ **4. Identifier et analyser les types et formes de phrases, p. 12.**
→ **5. Analyser la phrase emphatique, p. 14.**

- la construction des mots ;

→ **12. Analyser la formation des mots, p. 30.**

- la classe des mots et leur fonction dans la phrase, qui peuvent contribuer à faire comprendre certains accords, certaines formes ;

→ **1. Analyser la nature des mots, p. 6.**

Les changements demandés lors de la réécriture concernent en général :

- le temps des verbes ;
- le passage du singulier au pluriel ou inversement ;
- le passage du masculin au féminin ou inversement ;
- le passage du discours direct au discours indirect ou inversement.

Soyez attentif(ve) aux accords des déterminants, des adjectifs et des participes passés, à l'emploi des pronoms et aux indices de la situation d'énonciation, à la concordance des temps et à la ponctuation.

→ **24. Réussir la réécriture, p. 60.**

2 Dictée 20 min 10 pts

Soyez très concentré(e) et prêtez la plus grande attention aux accords des verbes avec leur sujet (en particulier quand le sujet est inversé) et aux accords dans le groupe nominal. Ne confondez pas les mots dictés avec des homophones. Interrogez-vous sur la formation des mots, les racines grecques ou latines... Et relisez-vous plusieurs fois !

→ **25. Se préparer à la dictée, p. 64.**

3 Rédaction 1 h 30 40 pts

Choisissez votre sujet. Assurez-vous que vous le comprenez bien : soulignez les mots de la consigne qui vous semblent importants.

• Sujet d'imagination

Il vous faut veiller à respecter :

- le genre demandé ;
- les indications de temps et de lieu ;
- les personnages ;
- la personne à laquelle est écrit le texte ;
- le temps des verbes, etc.

Relisez votre texte pour chasser les anachronismes et les incohérences.

→ **26. Poursuivre un récit, p. 70.**
→ **27. Rédiger un dialogue, p. 72.**
→ **28. Rédiger une lettre, p. 74.**
→ **29. Rédiger une scène de théâtre, p. 76.**

• Sujet de réflexion

Il faut que vous défendiez un point de vue dans un texte argumenté. **Posez-vous les questions suivantes :**

- repère-t-on aisément votre thèse ?
- chaque argument est-il développé dans un paragraphe distinct ? Est-il illustré d'un exemple ? Vérifiez que vous n'avez pas confondu arguments et exemples.
- votre texte est-il articulé au moyen de connecteurs logiques ?
- avez-vous utilisé des ressources de la modalisation (vocabulaire péjoratif ou mélioratif, ponctuation expressive, verbes de jugement...) ?

Apportez un soin particulier à l'introduction et à la conclusion et faites une relecture consacrée uniquement à l'orthographe.

→ **30. Argumenter pour défendre son point de vue, p. 78.**
→ **31. Confronter des points de vue différents, p. 80.**

1 Analyser la nature des mots

Je comprends et j'applique la méthode

Quelle est la nature du mot souligné ? Expliquez son sens.

- Repérez à quelle grande catégorie appartient le mot : est-ce un mot variable ou invariable ?
- Parmi cette catégorie, quelle est la nature du mot concerné ?

- Il faut comprendre l'emploi du mot dans le texte :
  - dans quel contexte ce mot est-il utilisé ?
  - quels éléments du texte confirment mon hypothèse ?

> – Jacques, Pierre, Marcel Morlac, prononça l'officier sur un ton machinal. Né le 25 juin 1891.
> [...] Il <u>égrenait</u> les données d'état civil avec une expression navrée. Les différences de date et de lieu qui définissaient chaque individu étaient fondamentales : c'était à elles que chacun devait d'être ce qu'il était.
>
> Jean-Christophe Rufin, *Le Collier rouge*, © Gallimard, 2014.

Réponse attendue : Ce mot est variable car il se conjugue : c'est un verbe.
L'officier donne toutes les informations sur Morlac ; le verbe « égrener » signifie qu'il les énumère à haute voix, comme l'indique l'emploi du discours direct.

Je m'exerce

1 Indiquez la nature des mots soulignés dans le texte ci-dessous.

> Je <u>savais</u> que <u>ma</u> mère avait été <u>terriblement</u> déçue <u>par</u> mon <u>absence</u> de génie <u>musical</u>, <u>parce qu</u>'elle n'y avait plus jamais fait allusion devant <u>moi</u>, et chez <u>elle</u>, qui, il faut bien le <u>dire</u>, manquait si <u>souvent</u> de tact, <u>une</u> telle <u>réserve</u> était un signe certain <u>de</u> chagrin <u>secret</u> <u>et</u> profond.
>
> Romain Gary, *La Promesse de l'aube*, © Gallimard, 1960.

savais : verbe, ma : déterminant possesif, teriblement : adverbe par : préposition, abscense : nom musicale : adjectif (qualificatif) parce qu' : conjonction de subordination, moi : pronom, dire : verbe, souvent : adverbe une : déterminant, reservé : nom de : préposition secret : adjectif, et : conjonction de coordination

MÉMO

Mots variables

Nom : il désigne un objet, une idée, un être.
Ex. : sac, liberté, enfant.

Verbe : il se conjugue.
Ex. : penser, ils pensent.

Adjectif : il caractérise le nom.
Ex. : glacial, absurde.

Pronom : il remplace un nom ou désigne une personne. *Ex. : il, celle, qui.*

Déterminant : il introduit le nom.
Ex. : le, une, vos.

Mots invariables

Adverbe : il nuance le sens d'un mot.
Ex. : très, vraiment.

Préposition : elle introduit un complément.
Ex. : à, pour.

Conjonction de coordination : elle relie deux éléments de même nature.
Ex. : mais, ou, et, donc, or, ni, car.

Conjonction de subordination : elle introduit une proposition subordonnée.
Ex. : que, puisque.

Interjection : elle exprime un sentiment.
Ex. : oh !

Onomatopée : elle traduit un bruit.
Ex. : boum, dring.

Je m'entraîne au Brevet

2 **Donnez la nature du mot souligné dans l'extrait suivant. Expliquez son sens.**

Pour trouver le sens d'un mot, vous pouvez aussi vous appuyer sur sa construction.

→ 12. Analyser la formation des mots, p. 30.

> Elle n'avait pas élevé sa petite-fille pour en faire une gourde qui s'en laisse conter par le premier garçon venu. [...] Puis elle récita son couplet désenchanté : les hommes, ça met les pieds sous la table et les chemises en boule au linge sale, et ça croit que les lapins naissent découpés, farcis et grillés !
>
> Alice Ferney, *Cherchez la femme*, Actes Sud, 2013.

Le mot désenchanté est un mot variable qui donne le contraire d'enchanté la grand mere repete ses parole habituelle négative à propos de homme : elle n'a pas l'espoir qu'ils s'amélio[re]

3 **a. Lisez le texte suivant, puis donnez la nature du mot souligné.**

> Maintenant la ville est sauvée, les deux frères ennemis sont morts et Créon, le roi, a ordonné qu'à Étéocle, le bon frère, il serait fait d'imposantes funérailles, mais que Polynice, le vaurien, le révolté, le voyou, serait laissé sans pleurs et sans sépulture, la proie des corbeaux et des chacals.
>
> Jean Anouilh, *Antigone*, © Éditions de La Table Ronde, 1946.

c'est un conjonction de coordination

b. Quelle relation logique exprime-t-il ? Expliquez en vous appuyant sur le texte.

il exprime une relation d'opposition entre les deux frere. On remarque que l'utilisation de vocabulaire mélioratif pour Étéocle bon tandis que pour polynice les terme sont

4 **Quelles sont les natures des mots soulignés dans l'extrait ci-dessous ?**
Observez leur disposition : que met-elle en valeur dans le discours du robot ?

> « Pour notre part, poursuivit le robot, nous ne sommes que le souvenir de l'homme. Nous reproduisons ses activités – scientifiquement, car, en tant que machines, nous devons être scientifiques, et patiemment, car nous avons l'éternité. »
>
> Clifford D. Simak, *Demain les chiens* [1952], trad. de l'anglais par J. Rosenthal, Éditions J'ai lu, 1970.

5 **Donnez la nature des mots soulignés dans l'extrait suivant. Que mettent-ils en valeur ?**

> Le silence se prolongeait. Il devenait de plus en plus épais, comme le brouillard du matin. Épais et immobile. L'immobilité de ma nièce, la mienne aussi sans doute, alourdissaient ce silence, le rendaient de plomb. L'officier lui-même, désorienté, restait immobile, jusqu'à ce qu'enfin je visse naître un sourire sur ses lèvres.
>
> Vercors, *Le Silence de la mer* [1942], Albin Michel, 1951.

2 Analyser les expansions du nom

Je comprends et j'applique la méthode

Relevez les expansions du nom souligné et indiquez leur nature.

- Relevez entre guillemets les expansions du nom, puis indiquez leur nature (→ 1. Analyser la nature des mots, p. 6).

Quelle impression les expansions du nom contribuent-elles à créer chez le lecteur à propos du lieu décrit ?

- Analysez ensuite l'effet produit par les précisions apportées.

À mesure que nous approchons, les dimensions de la gerbe liquide[1] deviennent grandioses. L'îlot représente à s'y méprendre un cétacé immense dont la tête domine les flots à une hauteur de dix toises[2].

Jules Verne, *Voyage au centre de la Terre*, 1864.

1. **Gerbe liquide**: geyser jaillissant au-dessus de l'île. 2. **Dix toises**: vingt mètres environ (ancienne unité de mesure).

Réponse attendue: Les expansions du nom « cétacé » sont l'adjectif (qualificatif) « immense » et la proposition subordonnée relative « dont la tête domine les flots à une hauteur de dix toises ». Elles contribuent à personnifier l'îlot et à en souligner le caractère impressionnant et gigantesque.

Je m'exerce

1 Relevez les expansions des noms soulignés en indiquant leur nature.

1. L'océan, monstre déchaîné, offrait un spectacle totalement nouveau pour moi.

....

....

....

....

2. Prudents, les hommes reprirent leur marche interrompue et arrivèrent dans une clairière où régnait un silence de mort.

....

....

....

....

....

MÉMO

Les trois types d'expansions du nom et leurs fonctions

Adjectif qualificatif

Sinueuse, la route étroite de campagne

2 fonctions possibles:
épithète détachée ou épithète liée

Groupe nominal

Fil tendu au milieu des champs, la route de campagne traverse la région.

2 fonctions possibles:
apposition (sans préposition) ou complément du nom (avec préposition)

Proposition subordonnée relative

La route que nous empruntons traverse la région.

1 fonction possible:
épithète de l'antécédent « route »

2 Complétez ce texte par des expansions du nom variées afin de renforcer l'impression d'émerveillement du narrateur.

Nous entrâmes dans une pièce .... Une lumière .... nous força à plisser les yeux. Le spectacle .... était incroyable, ...

Je m'entraîne au Brevet

3 **a. Quels sont les deux types d'expansions du nom les plus représentés dans ce texte ? Relevez deux exemples de chaque.**

> *Edison présente à son ami Lord Ewald une androïde qu'il a créée.*
> L'Épiderme ou peau humaine, qui comporte le teint, la porosité, les linéaments, l'éclat du sourire, les plissements insensibles de l'expression, le précis mouvement labial des paroles, la chevelure et tout le système pileux, l'ensemble oculaire avec l'individualité du regard, les systèmes dentaires et ungulaires.
>
> Auguste de Villiers de L'Isle-Adam, *L'Ève future*, 1886.

....

....

....

b. Quelle intention du personnage qui s'exprime traduisent-ils ?

....

....

4 **a. Relevez toutes les expansions du nom.**

> Mon père lisait seulement le journal de la région. Il refusait d'aller dans les endroits où il ne se sentait pas « à sa place » et de beaucoup de choses, il disait qu'elles n'étaient pas pour lui. Il aimait le jardin, les dominos, les cartes, le bricolage. Il lui était indifférent de « bien parler » et il continuait d'utiliser des tournures de patois.
>
> Annie Ernaux, *Une femme*, © Gallimard, 1988.

....

....

b. D'après vous, pourquoi n'y en a-t-il aucune dans la troisième phrase du texte ?

....

....

5 **a. Relevez les expansions des noms soulignés.**

> Un filet à maille serrée était tendu entre deux tulipiers gigantesques, et, au milieu du réseau, un petit oiseau, les ailes enchevêtrées, se débattait en poussant des cris plaintifs. L'oiseleur qui avait disposé cette toile inextricable n'était pas un être humain, mais bien une venimeuse araignée, particulière au pays, grosse comme un œuf de pigeon, et munie de pattes énormes.
>
> Jules Verne, *De la Terre à la Lune*, 1865.

....

....

....

....

b. Quelles informations donnent-elles sur la relation qui unit l'oiseau et l'araignée ?

....

3 Repérer et analyser les compléments circonstanciels

Je comprends et j'applique la méthode

Quelle est la valeur des compléments circonstanciels soulignés ?

• Pour identifier la valeur des compléments circonstanciels, demandez-vous quel type de précision est apporté.

Qu'indiquent-ils sur la situation du narrateur ?

• Analysez les informations fournies : sont-elles précises ? les termes choisis ont-ils un sens imagé ? Justifiez votre réponse par des exemples.

> Ici, je ne possédais plus rien au monde. Je n'étais rien qu'un mortel égaré entre du sable et des étoiles, conscient de la seule douceur de respirer...
>
> Antoine de Saint-Exupéry, *Terre des hommes*, © Gallimard, 1939.

Réponse attendue : Les CC indiquent un repère dans l'espace ; ils ont une valeur de lieu. Ils sont très généraux, le second, « entre du sable et des étoiles », souligne symboliquement la solitude du narrateur dans un endroit désert, isolé du monde.

Je m'exerce

1 Associez chaque valeur au complément qui lui correspond.

accompagnement | cause | conséquence | comparaison

but | moyen | manière | condition | temps | lieu

Je marche...
- dès que je le peux. ....
- avec ma sœur. ....
- pour me dégourdir les jambes. ....
- dans la forêt. ....
- avec des béquilles. ....

Je pars...
- de dépit. ....
- en claquant la porte. ....
- comme une tornade. ....
- de sorte que je me retrouve dehors. ....
- si tu ne changes pas d'attitude. ....

MÉMO

Les compléments circonstanciels

Ils précisent les circonstances du fait exprimé par le groupe verbal et **peuvent être déplacés, voire supprimés** sans que la phrase devienne incorrecte.

Ils peuvent avoir **différentes natures**.
Ex. : GN prépositionnel, adverbe, proposition subordonnée conjonctive, etc.

Leurs valeurs

Différentes circonstances peuvent être exprimées ; on les nomme **valeurs**.

Ce sont par exemple : le **lieu**, le **temps**, la **manière**, l'**accompagnement**, la **cause**, le **moyen**, la **comparaison**, le **but**, la **conséquence**, l'**opposition**, la **concession**, la **condition**, etc.

2 Relevez tous les compléments circonstanciels présents dans le texte ci-dessous et identifiez leur valeur.

Le cadre était posé sur une vieille commode. Je m'avançai lentement, afin de ne pas déranger la quiétude des lieux. Mon émotion était si grande que ma vue se brouilla un moment. Quand je repris mon sang-froid, je fixai les quatre visages : ils semblaient sourire avec timidité.

....

....

....

3 Relevez et identifiez dans ce texte trois compléments circonstanciels de valeurs différentes. Quelles qualités de la maîtresse soulignent-ils ?

> La maîtresse se promène dans les travées entre les pupitres, sa voix sonne clair, elle articule chaque mot très distinctement, parfois même elle triche un peu en accentuant exprès une liaison, pour nous aider, pour nous faire entendre par quelle lettre tel mot se termine.
>
> Nathalie Sarraute, *Enfance*, © Gallimard, 1983.

....

....

....

....

4 Identifiez la valeur des compléments circonstanciels soulignés. Que permettent-ils de préciser sur le rapport que l'héroïne entretient avec la ville de Paris ?

> *Emma Bovary est une jeune mariée qui s'ennuie à la campagne.*
>
> Elle s'acheta un plan de Paris, et, du bout de son doigt, sur la carte, elle faisait des courses dans la capitale. Elle remontait les boulevards, s'arrêtant à chaque angle, entre les lignes des rues, devant les carrés blancs qui figurent les maisons. Les yeux fatigués à la fin, elle fermait ses paupières [...].
>
> Gustave Flaubert, *Madame Bovary*, 1857.

....

....

....

....

5 a. Relevez tous les compléments circonstanciels de lieu dans le texte suivant. Quelles indications donnent-ils sur l'endroit où prend place le récit ?

> Je suis avec les autres enfants ; je lance des pierres sur le lac pour faire des trous dans la glace, la voir se fendiller et éclater, surprendre les bulles d'air qui remontent à la surface comme si un macchabée se réveillait tout au fond. Nous crions très fort, oui, pour éloigner le froid et les flocons, pour nous assurer tous, sans nous toucher, juste en criant très fort, que nous sommes bien encore vivants [...].
>
> Véronique Ovaldé, *Toutes choses scintillant*, Éditions L'Ampoule, 2002.

....

....

b. Quels compléments circonstanciels nous permettent d'accéder aux pensées de la narratrice ? Précisez le contenu de ses pensées.

....

....

....

....

....

4 Identifier et analyser les types et formes de phrases

Je comprends et j'applique la méthode

Indiquez le type et les formes de la phrase soulignée. Quel effet créent-ils ?

- **Identifiez le type de la phrase** en observant sa ponctuation et ce qu'elle exprime.
- **Déterminez ensuite la ou les formes utilisées** en recherchant les marqueurs éventuels de négation et d'emphase, et en repérant le sujet.

- **À quoi sert le type de phrase repéré ?**
- **En fonction du contexte, que mettent en relief les formes de la phrase employées ?**

Le narrateur, adolescent, vit seul avec sa mère. Il veut lui présenter M. Zaremba, un riche peintre polonais.

Je voulais lui crier que c'était sa dernière chance, qu'elle avait besoin d'un homme à ses côtés [...] parce que, tôt ou tard, je partirais, la laissant seule. [...]

– Écoute, maman, je suis pour le moment incapable de t'aider. Lui, il peut.

– Je n'ai pas la moindre intention d'adopter un fils quinquagénaire !

Romain Gary, *La Promesse de l'aube*, © Gallimard, 1960.

Réponse attendue : C'est une phrase de type déclaratif : elle appporte une information. Elle est à la fois à la forme négative (on note la présence de mots de négation « ne... pas ») et à la forme exclamative (elle se termine par un point d'exclamation). Ces deux formes combinées mettent en valeur le refus catégorique énoncé par la mère.

Je m'exerce

1 Indiquez le type et la ou les forme(s) de chaque phrase.

1. Eux, ils ne sont pas venus !

Type : ....

Formes : .... et ....

2. Pourquoi faut-il lire cet article ?

Type : ....

Forme : ....

3. C'est Marie Curie qui a découvert le radium.

Type : ....

Forme : ....

4. Toi, respecte tes engagements !

Type : ....

Forme : ....

5. Il a été jugé sur son apparence !

Type : ....

Formes : .... et ....

MÉMO

Types de phrases

Déclarative : elle apporte une information et se termine par un point, un point d'exclamation ou des points de suspension.

Interrogative : elle pose une question et se termine par un point d'interrogation.

Impérative : elle formule un ordre ou une interdiction et peut se terminer par un point ou un point d'exclamation.

Formes de phrases

Négative : elle comporte deux mots de négation (« ne... pas », « ne... plus », « personne... ne », etc.), ou un seul en langage familier. *Ex. : On voit rien !*

Exclamative : elle exprime l'intensité d'un sentiment et se termine par un point d'exclamation.

Passive : Le sujet subit l'action exprimée par le verbe, réalisée par le complément d'agent introduit par **de** ou **par**. *Ex : La ville est assiégée par l'armée.*

Emphatique : elle insiste sur un mot ou un groupe de mots de la phrase pour le(s) mettre en relief.
(→ 5. Analyser la phrase emphatique, p. 14).
Ex. : C'est un soldat courageux qui a accompli des actes héroïques ; lui, il a sauvé des vies.

Impersonnelle : son sujet ne représente rien ni personne ; un sujet réel peut apparaître après le verbe. *Ex. : Il n'est survenu de problème à personne.*

Je m'entraîne au Brevet

2 Quelle est la forme dominante des phrases dans cet extrait ? Quel effet cela crée-t-il ?

> Il ne regardait pas le soleil, ni le ciel. Il ne voyait même plus la bande lointaine de la terre, ni les silhouettes des arbres. Il n'y avait personne ici, personne d'autre que la mer, et Daniel était libre.
>
> Jean-Marie Gustave Le Clézio, « Celui qui n'avait jamais vu la mer », *Mondo et trois autres histoires*, © Gallimard, 1978.

....

....

3 Quelle forme de phrase particulière repérez-vous dans le passage souligné ? Sur quelle différence met-elle l'accent ?

> Le patois avait été l'unique langue de mes grands-parents.
> <u>Il se trouve des gens pour apprécier le « pittoresque du patois » et du français populaire</u>. [...] Pour mon père, le patois était quelque chose de vieux et de laid, un signe d'infériorité.
>
> Annie Ernaux, *La Place*, © Gallimard, 1983.

....

....

....

4 Dans le passage souligné, quelle forme de phrase remarquez-vous ? Que met-elle en valeur ?

> <u>Ce cœur qui haïssait la guerre voilà qu'il bat pour le combat et la bataille !</u>
> <u>Ce cœur qui ne battait qu'au rythme des marées, à celui des saisons, à celui des heures du jour et de la nuit,</u>
> <u>Voilà qu'il se gonfle et qu'il envoie dans les veines un sang brûlant de salpêtre et de haine</u> [...]
> Et tout ce sang porte dans des millions de cervelles un même mot d'ordre :
> Révolte contre Hitler et mort à ses partisans !
>
> Robert Desnos, « Ce cœur qui haïssait la guerre... » [1943], in *Destinée arbitraire*, © Gallimard, 1975.

....

....

....

5 Dans la phrase soulignée, Médée demande à Jason de lui donner la mort. Quelle forme de phrase met en valeur cette demande ? Quel type de phrase utilise-t-elle ? Quels effets cela contribue-t-il à créer ?

> Pourquoi es-tu lâche, Jason ? Pourquoi ne vas-tu pas jusqu'au bout ? Il n'est qu'un lieu, qu'une demeure où Médée enfin se taira. <u>Cette paix que tu voudrais que j'aie, pour pouvoir vivre, donne-la-moi</u>.
>
> Jean Anouilh, « Médée », *Nouvelles pièces noires*, © Éditions de La Table Ronde, 1947.

....

....

....

5 Analyser la phrase emphatique

Je comprends et j'applique la méthode

Quelle remarque pouvez-vous faire sur la construction grammaticale de cette phrase ?

- Identifiez ce que la construction de la phrase peut avoir de particulier :
  - indiquez sa forme (→ 4. Identifier et analyser les types et formes de phrases, p. 12) ;
  - expliquez l'effet produit par cette construction.

À quel genre narratif vous fait-elle penser ?

- Identifiez le genre narratif associé à ce type de formulation : rappelez-vous les différents genres narratifs que vous avez étudiés (conte, nouvelle, roman, récit autobiographique) et faites le rapprochement avec la phrase proposée.

> Il était, quelque part, un parc chargé de sapins noirs et de tilleuls, et une vieille maison que j'aimais.
>
> Antoine de Saint-Exupéry, *Terre des hommes*, © Gallimard, 1939.

Réponse attendue : Il s'agit d'une phrase emphatique, construite à partir du présentatif « il était ». Cette formulation permet de souligner l'importance des groupes nominaux « un parc chargé de sapins noirs et de tilleuls » et « une vieille maison que j'aimais », évoquant les souvenirs de l'auteur. Cette formulation fait penser au genre narratif du conte, souvent introduit par la formule présentative « Il était une fois ».

Je m'exerce

1 Cochez les phrases emphatiques de la liste ci-dessous.

Soulignez les termes qui sont mis en relief.

- ☐ **1.** Je vous donnerai tout ce que j'ai.
- ☐ **2.** « Il n'est aucun de vous, chers collègues, qui n'ait vu la Lune. » (Jules Verne)
- ☐ **3.** C'est Lanvin qui avait dessiné cette robe pour moi.
- ☐ **4.** C'est impossible à affirmer avec certitude !
- ☐ **5.** « Nos lois, sur quoi sont-elles fondées ? » (Vercors)
- ☐ **6.** Il est temps de se mettre au travail.
- ☐ **7.** Voici les amis dont je vous ai parlé hier.

2 Trouvez le procédé qui a permis de transformer chaque phrase ci-dessous en phrase emphatique.

1. Ils arrivent ! → Les voilà qui arrivent. ....

....

2. Les nuits de quiétude sont rares. → Rares sont les nuits de quiétude. ....

3. L'inspecteur ne trouvait pas le moindre indice. → Il ne trouvait pas le moindre indice, l'inspecteur.

....

4. Ce conducteur est-il fiable ? → Est-il fiable, ce conducteur ? ....

MÉMO

La phrase emphatique

La phrase emphatique est une forme de phrase qui **permet d'insister sur un mot ou un groupe de mots** en le(s) mettant en relief. On parle aussi de procédés d'emphase.

Les procédés emphatiques

Le redoublement d'un mot ou d'un groupe de mots par un pronom personnel ou démonstratif.
Ex. : « Sont-elles assez loin, toutes ces allégresses / Et toutes ces candeurs ? » (Paul Verlaine)

La mise en relief d'un mot ou d'un groupe de mots par l'emploi d'un présentatif (c'est, il y a, voici, voilà, il est…), suivi le plus souvent d'une proposition relative (qui/que).
Ex. : « Voilà donc le personnage qui m'interpellait avec tant d'impatience. » (Jules Verne)

La modification de l'ordre des mots dans la phrase, sans présentatif.
Ex. : Merveilleux sont les moments que nous passons ensemble !

Je m'entraîne au Brevet

3 **a. Quel procédé d'emphase est utilisé au vers souligné de cet extrait de poème ?**

> J'ai bu l'alcool transparent des cerises
> J'ai bu les serments échangés tout bas
> Qu'ils étaient beaux les palais les églises
> J'avais vingt ans Je ne comprenais pas
>
> Louis Aragon, « Les larmes se ressemblent », *Les Yeux d'Elsa*, Éditions Seghers, 1963.

....
....
....
....
....

b. Quel registre ce procédé permet-il de souligner dans ce quatrain ?

....

4 **a. Quel est le procédé d'emphase employé à travers les termes soulignés dans l'extrait suivant ?**

> *Un tribunal est réuni pour déterminer si les tropis, créatures découvertes en Afrique, sont des êtres humains. Pop présente le point de vue de l'Église catholique.*
>
> Pop. – Mais vous n'avez pas, my lord, à vous demander, vous, dans l'angoisse et le tourment, si ces pauvres créatures n'ont pas une âme… Les bêtes n'en ont pas, elles sont innocentes ; mais si les tropis sont des hommes, ils vivent dans le péché, et c'est à nous, anthropologues, c'est à moi, prêtre, que l'on demande d'en décider… C'est épouvantable. Car la science ne nous est d'aucun secours sur pareille question !
>
> Vercors, *Zoo ou l'Assassin philanthrope* [1963], acte I, tableau 5, Magnard, 2005.

....

b. Relevez un autre exemple de ce procédé dans la suite de la réplique.
À quel autre procédé emphatique est-il associé ?

....
....
....

c. Comment peut-on qualifier le ton du personnage qui s'exprime ?

....

5 **a. Soulignez les procédés d'emphase utilisés dans ce dialogue, puis nommez-les.**

> – Pourtant son chien était un vrai brun, on l'a bien vu, nous !
> – Oui, mais à ce qu'ils disent, c'est que avant, il en avait un noir, pas un brun. Un noir.
> – Avant ?
> – Oui, avant. Le délit, maintenant, c'est aussi d'en avoir eu un qui n'aurait pas été brun. Et ça, c'est pas difficile à savoir, il suffit de demander au voisin.
>
> Franck Pavloff, *Matin brun*, Éditions Cheyne, 1998.

....
....

b. Quel est le registre (ou niveau) de langue des deux interlocuteurs, créé notamment par l'usage de ces procédés ? Quelle est l'impression produite ?

....
....

6 Analyser l'emploi du présent de l'indicatif

Je comprends et j'applique la méthode

Quel est le temps utilisé dans les phrases soulignées ? Quelle est sa valeur ?

- Relevez tous les verbes conjugués dans le passage indiqué : à quel temps et à quel mode sont-ils conjugués ?

- Pour déterminer la valeur (ou emploi) de ce temps dans le passage :
  – identifiez le(s) temps utilisé(s) dans le reste de l'extrait pour relever d'éventuels contrastes ;
  – observez les faits rapportés et demandez-vous quel effet est créé à la lecture.

> Et la troupe se mit en marche.
> Les privilèges de la beauté sont immenses. Elle agit même sur ceux qui ne la constatent pas.
> Les maîtres aimaient Dargelos. Le censeur[1] était extrêmement ennuyé de cette histoire incompréhensible.
>
> Jean Cocteau, *Les Enfants terribles*, Grasset, 1929.
>
> 1. **Censeur** : adjoint du proviseur.

Réponse attendue : Les verbes « sont », « agit » et « constatent » sont conjugués au présent de l'indicatif. Ces phrases, au présent dans un récit au passé, énoncent des faits présentés comme toujours vrais ; il s'agit donc d'un présent de vérité générale.

Je m'exerce

1 Soulignez les verbes au présent dans ces phrases et indiquez leur emploi.

1. « L'hypocrisie est un vice à la mode et tous les vices à la mode passent pour vertu. » (Molière, *Dom Juan*, 1665)

....

2. « Le père Trubel partit aussitôt. Je le vois encore s'engouffrer dans la vieille victoria qui puait le cuir et le crottin. »
(Hervé Bazin, *Vipère au poing*, Grasset, 1948)

....

3. « Le soir quand elle rentre, No vient toujours me voir dans ma chambre. Elle s'allonge par terre avec les pieds posés sur une chaise. »
(Delphine de Vigan, *No et moi*, J.-C. Lattès, 2007)

....

4. « – Je pensais que vous dormiez, commandant.
– Quand arrive-t-on ?
– D'après Matteo, dans une demi-heure, commandant. »
(Laurent Gaudé, *Eldorado*, Actes Sud, 2006)

....

MÉMO
Les valeurs du présent

Présent d'énonciation
L'action exprime un fait qui se déroule au moment où l'on parle ou au moment où l'on écrit.

Présent de vérité générale
L'idée ou l'action est présentée comme toujours vraie.

Présent d'habitude
L'action ou l'idée exprimées sont régulières, elles se répètent.

Présent de narration
Dans un récit au passé, l'action est présentée dans une scène plus vivante ou crée un effet de surprise.

Présent de passé proche
L'action vient de se produire.

Présent de futur proche
L'action est sur le point de se produire.

Je m'entraîne au Brevet

2 **Relevez le verbe conjugué au présent de l'indicatif dans cet extrait. Identifiez sa valeur et décrivez l'effet produit.**

Un Agneau se désaltérait
Dans le courant d'une onde pure.
Un Loup survient à jeun qui cherchait aventure,
Et que la faim en ces lieux attirait.

Jean de La Fontaine, « Le Loup et l'Agneau », *Fables*, 1668.

3 **Justifiez l'emploi du présent de l'indicatif dans ce texte.**

De Gogol je n'avais lu, avant de commencer cette enquête, qu'un seul livre, et je l'avais lu, ce livre, au bureau, c'est-à-dire dans mon lit. (Il ne faut que deux choses dans la vie : de bonnes chaussures et un bon lit. On passe deux tiers de son temps dans les unes, un tiers dans l'autre.)

François-Henri Désérable, *Un certain M. Piekielny*, © Gallimard, 2017.

4 **Relevez un verbe au présent de l'indicatif dans ce texte et identifiez sa valeur.**

Gilliatt se rejeta en arrière, mais put à peine remuer. Il était comme cloué. [...] Une troisième lanière ondoya hors du rocher, tâta Gilliatt et lui fouetta les côtes comme une corde. Elle s'y fixa.

L'angoisse, à son paroxysme, est muette. Gilliatt ne jetait pas un cri.

Victor Hugo, *Les Travailleurs de la mer*, 1866.

5 **Quelle est la valeur du présent de l'indicatif dans la deuxième phrase ? Quel est l'effet produit sur le lecteur ?**

Un soir que nous nous promenions au bord de la Seine, je lui demandais de me raconter quelques anecdotes de sa vie nautique. Voilà immédiatement mon bonhomme qui s'anime, se transfigure, devient éloquent, presque poète. Il avait dans le cœur une grande passion, une passion dévorante, irrésistible : la rivière.

Guy de Maupassant, « Sur l'eau », *La Maison Tellier*, 1881.

7 Analyser les temps dans un récit au passé

Je comprends et j'applique la méthode

Quel est le temps verbal employé ? Justifiez son emploi.

- Identifiez s'il s'agit d'un récit au présent ou au passé, puis repérez les verbes conjugués.
- À quel temps sont-ils conjugués ?

- Demandez-vous quels sont les différents emplois (ou valeurs) du temps repéré.
- Quel emploi correspond à l'extrait délimité ?

En 2052, à Paris...

La ville semblait écrasée au sol, laminée par le poids de la tristesse et de la fumée des siècles. Ses toits formaient une croûte écailleuse coupée par les rues et les avenues comme par des cicatrices. Des fumées montaient, retombaient lentement, se mêlaient en un brouillard qui capitonnait la capitale.

René Barjavel, *Ravage*, © Éditions Denoël, 1943.

Réponse attendue : Les verbes repérés sont conjugués à l'imparfait. L'imparfait a plusieurs valeurs possibles : description, habitude, action secondaire dans un récit au passé. Dans cet extrait, une pause est faite au milieu du récit, le narrateur décrit un lieu ; c'est donc un imparfait de description.

Je m'exerce

1 Indiquez le temps de chaque verbe souligné dans les phrases suivantes. Justifiez l'emploi de ce temps.

1. Les vagues déferlaient sur la côte et la plage semblait submergée sous les flots.

....

....

2. Paul savoura enfin la liberté retrouvée, il avait passé trois années prisonnier de guerre, il ne les oublierait jamais.

....

....

....

....

....

....

3. Dès qu'il eut reçu l'ordre de combattre, le sergent observa les tranchées adverses, réfléchit un court instant, puis ordonna de lancer l'assaut.

....

....

....

MÉMO
Les différentes valeurs des temps dans un récit au passé

Dans un récit au passé, on utilise essentiellement les temps du mode indicatif, dont ceux au conditionnel.

L'imparfait est employé pour la description, la répétition dans le passé et les actions de second plan non délimitées dans le temps.

Le passé simple est employé pour les actions de premier plan qui font progresser le récit et qui sont limitées dans le temps.

Le présent de narration est employé pour les actions marquantes dans un récit au passé, afin de rendre la scène plus vivante ou réaliste.
→ 6. Analyser l'emploi du présent de l'indicatif, p. 16.

Le conditionnel présent est employé pour exprimer le futur dans le passé. *Ex : Tony décida qu'il partirait bientôt pour l'Australie et qu'il y referait sa vie.*

Le plus-que-parfait et le passé antérieur sont employés pour les actions accomplies et antérieures aux actions exprimées à l'imparfait (ou au passé simple).
Ex : Ils avaient marché depuis des heures lorsqu'ils décidèrent de s'arrêter. Quand ils eurent dressé leurs tentes, ils firent un feu.

Je m'entraîne au Brevet

2 **a. Lisez le texte suivant. Indiquez le temps et la valeur des formes verbales en gras.**

> Vers quatre heures, au moment où Eugénie et sa mère **avaient fini** de mettre un couvert pour six personnes, et où le maître du logis **avait monté** quelques bouteilles de ces vins exquis que conservent les provinciaux avec amour, Charles **vint** dans la salle. Le jeune homme était pâle.
>
> Honoré de Balzac, *Eugénie Grandet*, 1834.

………

………

b. Dans la phrase soulignée, quel est le nouveau temps employé ? Justifiez cet emploi.

………

………

3 **a. Relevez les verbes au passé simple dans l'extrait suivant et justifiez l'emploi de ce temps.**

> Les rafales se suivaient, les rafales l'entouraient, mais les mitrailleurs ne pouvaient plus que tirer au jugé. Une balle lui arracha un lambeau de chair au bras. Une autre lui brûla la cuisse. Il courut plus vite. Il dépassa la butte. [...] À quelques centaines de mètres il vit... c'était certain... une voiture. Il sauta... il vola...
>
> Joseph Kessel, *L'Armée des ombres* [1943], Fayard, 1951.

………

………

………

b. Quel autre temps est employé ? À quoi sert-il ?

………

………

………

4 **a. Indiquez à quel temps sont conjugués les verbes soulignés dans cet extrait. Quelle est la valeur de ce temps ?**

> Le lendemain matin l'officier descendit quand nous prenions notre petit déjeuner dans la cuisine. [...] Comme nous avions peu de bois et encore moins de charbon, je l'**avais repeinte**, nous y **avions amené** quelques meubles, des cuivres et des assiettes anciennes, afin d'y confiner notre vie pendant l'hiver.
>
> Vercors, *Le Silence de la mer* [1942], Albin Michel, 1951.

………

………

b. Quel est le temps employé pour les formes en gras ? Justifiez son emploi.

………

………

8 Analyser les registres de langue

Je comprends et j'applique la méthode

À quel registre de langue appartiennent les mots soulignés ? Justifiez leur emploi dans le texte.

- Recopiez les mots soulignés et identifiez à quel registre (ou niveau) de langue ils appartiennent. Rappelez-vous les trois registres de langue possibles : familier, courant ou soutenu.
- Expliquez pourquoi ce registre de langue est employé dans cette partie du texte : qu'apporte-t-il au passage ?

L'extrait suivant correspond aux pensées de la narratrice.

Pourquoi de nous deux suis-je la seule à me plonger dans un livre de cuisine [...] ? À toi d'apprendre ma vieille. [...] Toute la bouffe est là, qu'il faut manipuler, cuire.

Annie Ernaux, *La Femme gelée*, © Gallimard, 1981.

Réponse attendue : Ces mots appartiennent au registre (ou niveau) de langue familier. Les pensées de la narratrice sont retranscrites à travers ces termes qui traduisent son désenchantement ; elle vient de prendre conscience d'une réalité : les tâches ménagères lui reviennent à elle, exclusivement. Ces mots traduisent donc son désarroi et sa colère.

Je m'exerce

1 Classez les mots et expressions suivants selon le registre de langue auquel ils appartiennent.

a. Toi, t'es un vrai pote !
b. Glander.
c. Je n'en ai cure.
d. Un boulot.
e. Travailler.
f. Se pieuter.
g. Occire.
h. J'suis claqué.
i. Je me suis laissé duper.
j. Des godasses.
k. C'est incroyable !
l. Se sustenter.

1. Familier : ....

2. Courant : ....

3. Soutenu : ....

MÉMO
Les registres (ou niveaux) de langue

Le langage familier est utilisé à l'oral avec une personne dont on est très proche.

Le langage courant est utilisé à l'oral et à l'écrit dans la vie quotidienne.

Le langage soutenu est utilisé à l'écrit et parfois à l'oral, comme marque de respect ou dans un contexte officiel.

Pour distinguer le registre (ou niveau) de langue :
– repérez **le vocabulaire** employé ;
– demandez-vous si **la syntaxe** est correcte ;
– identifiez les indications de **prononciation** (comme les voyelles non prononcées).

Je m'entraîne au Brevet

2 À quel registre de langue appartient le passage souligné ? Justifiez son emploi.

Cette nuit-là, Rico décida de quitter Paris. À crever, autant crever au soleil. Voilà ce qu'il s'était dit. Tout ce qui tournait dans sa tête, depuis qu'il avait vu les pompiers emporter le corps de Titi, le ramenait à cette seule évidence : il finirait comme Titi.

Jean-Claude Izzo, *Le Soleil des mourants*, Flammarion, 1999.

....

....

....

....

3 a. Quels sont les deux registres de langue utilisés dans les phrases soulignées du texte suivant ?

Un jour, par exemple, [Robert] était entré dans le block[1] mimant l'attitude d'un homme qui donne le bras à une femme. [...] Les gars se soulevaient sur un coude et regardaient avec ahurissement Robert faire la cour à sa femme invisible. [...]

– Bon. Alors, je vous préviens : à partir d'aujourd'hui, ça va changer. [...] Vous allez me faire un sacré effort de propreté et de dignité, sans ça, je cogne. Elle ne tiendrait pas un jour dans cette atmosphère puante, et puis, nous sommes français, il faut se montrer galants et polis. Et le premier qui manque de respect, qui lâche un pet, par exemple, en sa présence, aura affaire à moi...

Romain Gary, *Les Racines du ciel*, © Gallimard, 1956.

1. **Block** : camp de prisonnier.

....

b. Pourquoi, dans son discours, Robert mêle-t-il les registres de langue ?

....

....

4 a. Lisez le texte. À quel registre de langue appartient le passage souligné ?

Deux êtres obscurs passent dans l'ombre, à quelques pas de nous ; ils s'entretiennent à demi-voix.

– Tu parles, mon vieux, qu'au lieu de l'écouter, j'y ai foutu ma baïonnette dans l'ventre que j'pouvais plus la déclouer.

– Moi, i's étaient quat' dans l'fond du trou. J'les ai appelés pour les faire sortir ; à mesure qu'un sortait, j'y ai crevé la peau.

Henri Barbusse, *Le Feu*, 1916.

....

....

b. Justifiez son emploi.

....

....

5 a. Quel est le registre de langue dominant dans ce passage ?

No, une adolescente SDF, vient de se rendre au domicile de sa mère avec laquelle elle n'a plus aucun contact. Sa mère ne lui ouvre pas la porte. Elle en parle à son amie Lou.

– No, écoute-moi, ta mère, elle a pas la force de te voir. Peut-être qu'elle aimerait bien, mais elle peut pas.

– Elle en a rien à foutre, Lou, tu comprends [...].

Delphine de Vigan, *No et moi*, J.-C. Lattès, 2007.

....

....

b. Justifiez son emploi.

....

....

9 Identifier la modalisation

Je comprends et j'applique la méthode

Relevez les indices qui traduisent la sensibilité du narrateur, et identifiez-les.

- Relevez les mots ou la ponctuation du texte qui rendent compte des sentiments et des émotions du narrateur.
- Indiquez la nature des mots relevés (nom, adjectif, verbe, modalité de phrase).

Quel est l'effet produit ?

- Il faut se demander si les indices relevés (les modalisateurs) sont mélioratifs ou péjoratifs et nommer les émotions que ces mots permettent d'exprimer (joie, peine, colère, etc.).

> Quel merveilleux petit village ; quel calme, quelle belle nuit. J'ai dû me mettre à divaguer, j'ai déclaré sûrement que c'était le plus beau village du monde et la plus belle nuit.
>
> Henri Calet, *Peau d'ours* [1958], © Gallimard, 1985.

Réponse attendue : La sensibilité du narrateur est manifeste dans l'emploi des adjectifs comme « merveilleux » et « belle », parfois utilisés sous leur forme superlative (« le plus beau », « la plus belle »), et de la tournure exclamative « quel(le) » (malgré l'absence de point d'exclamation). Ces procédés sont mélioratifs et expriment la grande joie éprouvée par le narrateur, et probablement une certaine nostalgie, les verbes étant conjugués au passé.

Je m'exerce

1 Soulignez deux modalisateurs différents dans chacune des phrases ci-dessous et dites ce qu'ils expriment (doute, jugement, sentiment).

1. J'aimerais que tu cesses tes remarques déplaisantes.

....

....

....

2. Ce jour-là a été le plus extraordinaire de toute mon existence !

....

....

3. Sa méchanceté est telle que j'espère ne jamais le revoir.

....

....

4. Peut-être que je l'ai oublié chez moi, ce fichu dossier.

....

....

5. Heureusement, ton *humour* est toujours aussi percutant.

....

6. Quand pourrais-je enfin me reposer ?

....

MÉMO

La modalisation

La **modalisation** est l'expression du point de vue et de la sensibilité du locuteur dans un texte ou un discours oral. Elle permet d'exprimer une **certitude**, un **doute**, une **éventualité**, des **sentiments** ou un **jugement**.

Les **modalisateurs** ci-dessous sont les indices qui traduisent cette subjectivité.

Les types de modalisateurs

Adverbes Ex. : *heureusement, certainement, malheureusement...*

Noms et adjectifs mélioratifs ou péjoratifs Ex. : *merveille ; sublime, atroce...*

Verbes exprimant un sentiment ou une pensée Ex. : *aimer, croire, estimer...*

Auxiliaires modaux Ex. : *devoir, falloir, pouvoir...*

Conditionnel Ex. : *Il se serait enfui.*

Figures de style Ex. : *hyperbole, comparaison, métaphore, antiphrase...*

Guillemets, caractères italiques, ponctuation Ex. : *? !*

Je m'entraîne au Brevet

2 **a. Identifiez les modalisateurs soulignés.**

> À vrai dire, j'avais eu l'intention de garder ces livres. Je ne tenais pas particulièrement aux souvenirs, mais c'étaient des livres qui pouvaient faire de l'usage. Dont j'avais l'intention de me servir encore. [...] Pourquoi ces livres auraient-ils dû revenir à une bibliothèque qui était destinée à disparaître ?
>
> Jorge Semprun, *L'Écriture ou la vie*, © Gallimard, 1994.

....

b. Relevez un autre modalisateur, identifiez-le et précisez l'effet qu'il produit.

....

....

....

3 **a. Pourquoi l'expression soulignée est-elle un modalisateur ? Quel sentiment permet-elle de traduire ?**

> *Indiana, une jeune femme, s'adresse à son mari violent et opprimant.*
>
> J'ai passé quelques heures hors de votre domination ; j'ai été respirer l'air de la liberté pour vous montrer que vous n'êtes pas moralement mon maître, et que je ne dépends que de moi sur la terre. En me promenant, j'ai réfléchi que je devais à mon devoir et à ma conscience de revenir me placer sous votre patronage. Je l'ai fait de mon plein gré. Mon cousin m'a *accompagnée* ici, et non pas *ramenée*.
>
> George Sand, *Indiana*, 1832.

....

....

b. Dans la dernière phrase, comment interprétez-vous l'usage des italiques ?

....

....

....

4 **a. Lisez le texte, puis relevez et identifiez deux modalisateurs exprimant l'incertitude.**

> Mais ma tante est à peu près formelle : je n'avais pas le bras en écharpe, il n'y avait aucune raison pour que j'aie le bras en écharpe. C'est en tant que « fils de tué », « orphelin de guerre », que la Croix-Rouge, tout à fait réglementairement, me convoyait.
>
> Peut-être, par contre, avais-je une hernie et portais-je un bandage herniaire, un suspensoir. À mon arrivée à Grenoble, il me semble que j'ai été opéré [...] à la fois d'une hernie et d'une appendicite [...].
>
> Georges Perec, *W ou le Souvenir d'enfance*, © Éditions Denoël, 1975.

....

....

b. Dans la deuxième phrase, pourquoi certains termes sont-ils placés entre guillemets ?

....

....

10 Analyser les paroles rapportées

Je comprends et j'applique la méthode

Comment les paroles sont-elles rapportées dans ce texte ? Analysez l'effet produit par chaque type de discours.

- Citez les paroles rapportées que vous repérez dans le passage et indiquez de quel type de discours il s'agit. Justifiez votre réponse en relevant les indices qui vous permettent de répondre.

- Quelles impressions sont créées à la lecture ? Vous pouvez transposer les paroles rapportées dans un autre type de discours pour mieux percevoir les contrastes.

[...]
Enfin, n'en pouvant plus d'effort et de douleur,
Il met bas son fagot, il songe à son malheur.
Quel plaisir a-t-il eu depuis qu'il est au monde ?
En est-il un plus pauvre en la machine ronde[1] ? [...]

[...]
Il appelle la Mort. Elle vient sans tarder,
Lui demande ce qu'il faut faire.
« C'est, dit-il, afin de m'aider
À recharger ce bois ; tu ne tarderas guère. » [...]

Jean de La Fontaine, « La Mort et le Bûcheron », *Fables*, I, 16, 1668.

1. **Machine ronde** : métaphore pour désigner la Terre.

Réponse attendue : Les premières paroles du bûcheron (« Quel plaisir [...] ronde ? ») sont rapportées au discours indirect libre : il n'y a ni mot subordonnant, ni verbe introducteur, ni guillemets, mais la ponctuation est expressive. Le lecteur a accès aux pensées du bûcheron. La Mort s'exprime au discours indirect (« Lui demande [...] faire »), avec le mot subordonnant « que » qui introduit dans le récit sa parole pour créer un effet comique. Les autres paroles, au discours direct, marqué par les guillemets et l'emploi des pronoms « m' » et « tu », rendent le passage vivant.

Je m'exerce

1 Soulignez les paroles rapportées en attribuant une couleur à chaque type de discours. Justifiez vos réponses.

1. « Bientôt elle se mit à rire avec toute la gaité folle d'une jeune fille, elle se moquait d'elle-même et ne pouvait se figurer tout son bonheur. Quoi, c'était là ce précepteur qu'elle s'était figuré comme un prêtre sale et mal vêtu, qui viendrait gronder et fouetter ses enfants ! » (Stendhal, *Le Rouge et le Noir*, 1830)

car la ~~question~~ phrase commence par une question

2. Dans la salle à manger, Chloé déjeunait avec Colin.
– Alors, demanda Nicolas, ça va mieux ?
– Tiens ? dit Colin, tu te décides à parler comme tout le monde.
(Boris Vian, *L'Écume des jours* [1947], © Arthème Fayard, 1999, pour l'édition en œuvres complètes)

1)

MÉMO
Les types de discours

Direct : il donne de la vivacité au récit : les paroles sont rapportées telles qu'elles ont été prononcées.
Indices à relever : verbe introducteur ; ponctuation expressive ; guillemets ; marques d'énonciation (je, demain...).

Indirect : il introduit des propos ou des pensées dans la continuité du récit à l'aide des propositions subordonnées.
Indices à relever : verbe introducteur, mot subordonnant (que, si...) ; concordance des temps ; modification des pronoms et des marqueurs de lieu ou de temps (il, le lendemain).

Indirect libre : il permet de conserver la continuité du récit tout en introduisant l'expressivité du discours direct.
Indices à relever : ponctuation souvent expressive mais pas de guillemets ni de mot subordonnant ; concordance des temps ; modification des pronoms et des marqueurs de lieu ou de temps.

3. *Les femmes du village font état de superstitions pour expliquer la mauvaise santé du nourrisson d'Ali.*
Ali ne veut pas croire à ces histoires de bonnes femmes. Il répond qu'à l'arrivée du printemps, le petit se portera mieux, comme tout le monde. C'est le froid qui lui fait mal, et cette neige qui s'est mise à tomber et qui ralentit tout. (Alice Zeniter, *L'Art de perdre*, Flammarion, 2017)

Discours indirect : il

Je m'entraîne au Brevet

2 a. Relevez les deux types de discours et soulignez-les dans des couleurs distinctes. Justifiez vos réponses.

> – Lorsque je vous ai vu au marché. J'ai su tout de suite que c'était vous. Vous faites toujours le même métier ?
>
> Elle s'était mise à parler d'un coup et sa voix emplissait la pièce avec force. Salvatore Piracci acquiesça. Oui. Toujours. Cela faisait vingt ans. Il avait commencé comme enseigne[1] sur la frégate *Bersagliere* [...].
>
> Laurent Gaudé, *Eldorado*, Actes Sud, 2006.
>
> 1. **Enseigne :** officier dans la marine.

b. Quel est l'intérêt de chacun de ces discours ?

3 a. Relevez les différents types de discours et soulignez-les avec des couleurs distinctes. Justifiez vos réponses.

> *Des animaux se révoltent dans une ferme. Le cochon Napoléon traque l'un d'entre eux, Boule-de-Neige, en suivant ses traces.*
>
> Napoléon, ayant reniflé de manière significative, déclara qu'il s'agissait bien de Boule de Neige. D'après lui, il avait dû venir de la ferme de Foxwood. Et ayant fini de renifler :
>
> « Plus d'atermoiements, camarades ! s'écria Napoléon. Le travail nous attend. Ce matin même nous allons nous remettre à bâtir le moulin, et nous ne dételerons pas de tout l'hiver, qu'il pleuve ou vente. [...] Vive le moulin à vent ! Vive la Ferme des Animaux ! »
>
> George Orwell, *La Ferme des animaux* [1945], trad. de l'anglais par J. Quéval, Ivréa, 1981.

b. Quel type de discours domine dans cet extrait ? Pour quelle raison selon vous ?

11 Identifier et interpréter les figures de style

Je comprends et j'applique la méthode

Quelle est la figure de style utilisée dans la première phrase du texte ?

- Une première partie de la question invite à identifier et à nommer la figure de style (métaphore, comparaison, personnification, antithèse, hyperbole, énumération, anaphore...). Il faut la relever précisément entre guillemets.

Expliquez son sens.

- Une deuxième partie de la question invite à expliquer son fonctionnement (il faut donc connaître sa définition), donner sa signification et à justifier l'intérêt de son emploi (ce qu'elle apporte au texte).

Paul, un élève fragile, sort de son collège et décide de participer à une bataille de boules de neige.

Dargelos était le coq du collège. Il goûtait ceux qui le bravaient ou le secondaient. Or, chaque fois que l'élève pâle se trouvait en face des cheveux tordus, des genoux blessés, de la veste aux poches intrigantes, il perdait la tête.

Jean Cocteau, *Les Enfants terribles*, Grasset, 1929.

Réponse attendue : La figure de style présente dans la première phrase est une métaphore : « Dargelos était le coq du collège ». Le personnage, Dargelos, est comparé sans outil de comparaison à un coq. C'est en fait son attitude qui lui vaut cette comparaison car il impressionne son camarade. On comprend par cette image que l'enfant Dargelos règne sur la cour du collège comme un coq sur sa basse-cour.

Je m'exerce

1 Complétez les phrases suivantes avec la figure de style correspondant à la définition.

1. Une .... présente un élément inanimé ou un animal avec des caractéristiques humaines.

2. Une .... souligne le point commun entre deux éléments, le comparant et le comparé, grâce à un outil de comparaison (comme, tel, de même, pareil à, etc.).

3. Une .... souligne le point commun entre deux éléments, mais le rapprochement se fait sans outil de comparaison.

4. Une .... consiste à ne pas nommer explicitement un élément mais à le définir ou le décrire à l'aide d'une expression.

2 Cochez la définition correcte pour chaque figure de style.

1. Un oxymore :
- ☐ associe deux termes de sens opposé.
- ☐ associe deux termes de même sens.

2. Une antithèse :
- ☐ oppose deux idées contraires.
- ☐ oppose deux idées de même sens.

3. Une antiphrase :
- ☐ permet d'exprimer un argument négatif.
- ☐ permet d'exprimer le contraire de ce que l'on pense.

MÉMO

Les figures de ressemblance

- La métaphore
- La comparaison
- La personnification
- La périphrase

Les figures d'opposition

- L'antithèse
- L'oxymore
- L'antiphrase

Les figures d'exagération ou d'insistance

- L'hyperbole
- L'énumération ou accumulation
- L'anaphore
- La gradation

3 **Reliez chaque figure d'insistance à la proposition qui convient pour reconstituer une définition correcte.**

1. Une gradation •	• produit une exagération volontaire.
2. Une anaphore •	• énumère des termes de plus en plus forts.
3. Une hyperbole •	• constitue une liste d'éléments.
4. Une accumulation ou énumération •	• répète un mot ou une expression en début de phrase, de proposition ou de vers.

4 **Identifiez les figures de style présentes dans ces extraits.**

1. « Je vis, je meurs ; je me brûle et me noie. »
(Louise Labé, *Sonnets*, 1555)

....

....

2. « Sur mes cahiers d'écolier
Sur mon pupitre et les arbres
Sur le sable sur la neige
J'écris ton nom »
[...]
(Paul Éluard, « Liberté », in *Au rendez-vous allemand* © 1945 by Les Éditions de Minuit)

....

....

3. « La terre est bleue comme une orange »
(Paul Éluard, *L'Amour la poésie* [1929], © Gallimard, 1966)

....

....

5 **Lisez ces citations, identifiez pour chacune la figure de style employée. Expliquez ce qu'elles peuvent signifier.**

1. « Ma jeunesse ne fut qu'un ténébreux orage,
Traversé çà et là par de brillants soleils »
(Charles Baudelaire, « L'Ennemi », *Les Fleurs du mal*, 1857)

....

....

....

2. « Toute la forêt s'inclinait dans le même sens avec un gémissement de souffrance »
(Guy de Maupassant, « La Peur », *Contes de la bécasse*, 1894)

....

....

....

3. « C'en est fait, je n'en puis plus, je me meurs, je suis mort, je suis enterré. »
(Molière, *L'Avare*, 1668)

....

....

....

Je m'entraîne au Brevet

6 a. Relevez et identifiez la figure de style utilisée dans cette phrase.

> Nous restions collés les uns aux autres, comme des moutons, effrayés par le bruit, les fumées, les râles de vapeur et les sifflements des locomotives.
>
> Didier Daeninckx, *Cannibale*, Éditions Verdier, 1998.

comparaison, énumération

b. Expliquez cette image. Que met ainsi en valeur le narrateur ?

Il met en valeur la Nouvelle technologie

7 Lisez le texte. Quelles images sont utilisées pour désigner les livres, puis les bibliothèques ? Expliquez-les.

Aidez-vous des mots soulignés dans le texte.

> Je ne savais pas encore lire que, déjà, je les révérais, ces pierres levées ; droites ou penchées, serrées comme des briques sur les rayons de la bibliothèque ou noblement espacées en allées de menhirs, je sentais que la prospérité de notre famille en dépendait.
>
> Elles se ressemblaient toutes, je m'ébattais dans un minuscule sanctuaire, entouré de monuments trapus, antiques qui m'avaient vu naître, qui me verraient mourir et dont la permanence me garantissait un avenir aussi calme que le passé.
>
> Jean-Paul Sartre, *Les Mots*, © Gallimard, 1963.

8 a. Quelles sont les deux figures de style présentes dans les vers soulignés ?

> Si je mourais là-bas sur le front de l'armée
> Tu pleurerais un jour ô Lou ma bien-aimée
> Et puis mon souvenir s'éteindrait comme meurt
> Un obus éclatant sur le front de l'armée
> Un bel obus semblable aux mimosas en fleur
>
> Guillaume Apollinaire, « Si je mourais là-bas... », *Poèmes à Lou*, 1915.

b. Quelle image de la guerre est ainsi proposée ?

9 a. Lisez le texte. Identifiez la figure de style dans la phrase soulignée.

Elsa Triolet livre ses impressions après un voyage à Tahiti.

Il est bon de savoir au juste ce que l'on craint, il existe des serrures, des revolvers, mais comment savoir ce qui bruit, cogne, soupire dans l'obscurité et l'éclat d'une nuit tropicale ? Un coup sourd, un craquement, les vitres des fenêtres qui tintent en frémissant, la porte qui craque, une lumière qui passe ! Qu'est-ce que c'est ? Rien, le silence. Un ciel noir, étranger, les dessins jamais vus, compliqués, des constellations piquées avec une épingle sur le noir, et que l'on voit par transparence. Le silence résonne dans les oreilles. Une mer d'acier luit sous la lune, l'air de dire je n'y suis pour rien. Une allée lunaire court dessus, frémissante. Les palmiers immobiles s'élancent dans les airs.

Elsa Triolet, *À Tahiti* [1925], trad. du russe par l'auteure, Les Éditions du Sonneur, 2011.

……………………………………………………………………………………………………

……………………………………………………………………………………………………

b. Dans l'extrait proposé, relevez et commentez une autre figure de style.

……………………………………………………………………………………………………

……………………………………………………………………………………………………

……………………………………………………………………………………………………

10 a. Quelles figures de style sont employées par le poète pour attirer l'attention du lecteur sur la situation des enfants ?

Une interrogation rhétorique, ou question oratoire, permet à l'auteur(e) de poser une question dont la réponse est supposée connue de tous. C'est une figure très utilisée en argumentation.

Où vont tous ces enfants dont pas un seul ne rit ?
Ces doux êtres pensifs que la fièvre maigrit ?
Ces filles de huit ans qu'on voit cheminer seules ?
Ils s'en vont travailler quinze heures sous des meules ;
Ils vont, de l'aube au soir, faire éternellement
Dans la même prison le même mouvement.
Accroupis sous les dents d'une machine sombre,
Monstre hideux qui mâche on ne sait quoi dans l'ombre,
Innocents dans un bagne, anges dans un enfer,
Ils travaillent. Tout est d'airain, tout est de fer.

Victor Hugo, « Melancholia », *Les Contemplations*, Livre III, 1856.

……………………………………………………………………………………………………

……………………………………………………………………………………………………

……………………………………………………………………………………………………

……………………………………………………………………………………………………

……………………………………………………………………………………………………

……………………………………………………………………………………………………

b. Laquelle de ces figures de style vous semble la plus marquante ? Justifiez votre réponse.

……………………………………………………………………………………………………

12 Analyser la formation des mots

Je comprends et j'applique la méthode

Comment le mot souligné est-il formé ? Expliquez son sens.

- Identifiez les différents éléments qui composent ce mot : quel est le radical ? le préfixe ? le suffixe ?
- Donnez le sens de ce mot dans son contexte à l'aide d'un synonyme ou d'une périphrase. Éventuellement, pour vous aider :
  – reconnaissez-vous une racine grecque ou latine ?
  – pouvez-vous donner le sens du préfixe et/ou du suffixe ?

[Des songes] me vinrent sans bruit, comme des eaux de source, et je ne compris pas, tout d'abord, la douceur qui m'envahissait. Il n'y eut point de voix, ni d'images, mais le sentiment d'une présence, d'une amitié très proche et déjà à demi devinée. Puis, je compris et m'abandonnai, les yeux fermés, aux enchantements de ma mémoire.

Antoine de Saint-Exupéry, *Terre des hommes*, © Gallimard, 1939.

Réponse attendue : Le radical du mot souligné est « chant », il est précédé du préfixe « en- » et suivi du suffixe « -ment ». Ce mot signifie « envoûtement » ; on peut considérer ici que la mémoire du narrateur lui permet d'accéder comme par magie à un univers totalement opposé à celui dans lequel il se trouve, ce qui lui procure un plaisir certain.

MÉMO

La formation d'un mot

Pour expliquer la formation d'un mot, il faut **repérer le radical, qui est la racine du mot, et isoler le ou les préfixe(s) et suffixe(s)**.

Ex. : in/franchi/ssable signifie « qui ne peut être franchi ».

Les préfixes modifient le sens du mot.

Ex. : pré- signifie « avant » ; in- ou im- « qui n'est pas » ; re- « à nouveau »...

Les suffixes modifient la classe grammaticale du mot et peuvent aussi en modifier le sens.

Ex. : -ard, -asse, -âtre : sont des suffixes péjoratifs ; -elle, -et, -ette permettent de former des diminutifs (un jardinet est un petit jardin)...

Je m'exerce

1 Entourez le radical des mots suivants.

1. multirécidiviste
2. fixement
3. perceptible
4. inimitable
5. chambrette
6. immobilité
7. jaunâtre
8. inconcevable
9. poliment
10. illégal

2 Trouvez trois mots dérivés pour chacun des radicaux suivants.

Un mot dérivé est un mot construit à partir d'un radical auquel on ajoute un préfixe ou un suffixe ou parfois les deux pour former un autre mot.

1. voir : ....
2. porter : ....
3. mort : ....
4. libre : ....

3 Indiquez la formation des mots soulignés pour chaque citation et indiquez leur sens.

1. « Le fond de sa pensée, si j'ai bien compris, c'est que j'avais prémédité mon crime. » (Albert Camus, *L'Étranger* [1942], © Gallimard, 1957)

....

....

2. « Je le voyais, vêtu de gris, immobile [...]. » (Alain-Fournier, *Le Grand Meaulnes*, 1913)

....

3. « Il considérait son panier à ouvrage avec ébahissement, comme une chose extraordinaire. » (Gustave Flaubert, *L'Éducation sentimentale*, 1869)

Je m'entraîne au Brevet

4 **a. Lisez le texte. Comment le mot souligné est-il construit ? Que signifie-t-il généralement ?**

> Les grues d'abord lui éberluent la tête : agglutinées par centaines, elles surpeuplent le ciel, leurs bras comme des sabres laser [...]. Sa toute petite bouche soulignée d'un trait de moustache articule très doucement nous construisons la cité du futur, une entreprise pharaonique.
>
> Maylis de Kerangal, *Naissance d'un pont*, © Gallimard, 2010.

b. Le contexte lui donne-t-il une valeur particulière ?

5 **a. Comment est formé le mot « désespérés » dans le texte ci-dessous ?**

> *Le narrateur évoque son séjour dans un camp de prisonniers durant la Seconde Guerre mondiale.*
> Nous étions écroulés dans nos coins, sales, écœurés, désespérés, ceux qui n'étaient pas trop claqués geignaient, se plaignaient et blasphémaient à haute voix.
>
> Romain Gary, *Les Racines du ciel*, © Gallimard, 1956.

b. En quoi s'applique-t-il à l'état d'esprit des prisonniers ?

6 **a. Comment est formé le mot « incomparable » dans le texte ?**

> Or la finesse, l'originalité, la richesse et la succulence des plats qui se succédèrent sur la table dépassèrent toute attente. L'enthousiasme des convives était tel qu'ils pressaient le calife de nommer sans plus attendre chef des cuisines du palais l'auteur de ce festin incomparable.
>
> Michel Tournier, « Les Deux Banquets ou la Commémoration », *Le Médianoche amoureux*, © Gallimard, 1989.

b. Expliquez sa signification en vous appuyant sur d'autres éléments de la phrase précédente.

13 Identifier les reprises nominales et pronominales

Je comprends et j'applique la méthode

▶ **Relevez une reprise nominale de l'expression soulignée dans ce passage.**

• Repérez et relevez entre guillemets le groupe nominal synonyme de l'expression « mallette brune ».

▶ **Quelle impression cette reprise contribue-t-elle à créer ?**

• Expliquez quels sentiments, quelles idées, quelles images provoque cette reprise nominale.

La jeune narratrice, qui ne connaissait pas sa leçon, vient de se faire sermonner par son institutrice.

Quelques secondes plus tard, elle reparut ; affublée d'une mallette brune qu'elle posa devant moi, sur la table basse.

Je me souvenais de l'avoir vue ouvrir et fermer cette mystérieuse cassette[1] ; y entasser des objets tranchants, lames, ciseaux ; y fourrer une corde, des bouts de fil de fer.

– Ouvre bien les yeux, tu vas voir...

Andrée Chédid, « La Punition », *La Femme en rouge et autres nouvelles*, Flammarion, 1978.

1. **Cassette** : petit coffre.

Réponse attendue : On trouve le groupe nominal « cette mystérieuse cassette » comme expression synonyme de « mallette brune ». Le nom « cassette » évoque l'idée d'un trésor et l'adjectif « mystérieuse » traduit l'ignorance et la peur de la jeune enfant. Cette reprise nominale évoque également l'univers des contes.

S'exercer

1 Pour chaque terme en gras, soulignez les reprises pronominales et encadrez les reprises nominales.

1. Créon essaie de convaincre **Antigone**, mais celle-ci refuse de se plier à sa demande. La fille d'Œdipe en mourra.

2. Pourquoi n'irions-nous pas à **Bruges** ? Nous pourrions découvrir la Venise du Nord. Nous n'y sommes jamais allés.

3. **Emma Bovary** rêve d'une autre vie que la sienne. Tout au long du roman, nous suivons les multiples déceptions de l'héroïne de Flaubert. Celle-ci concourt à sa propre perte.

2 Soulignez les reprises nominales des termes en gras et attribuez à chaque reprise un type parmi ceux proposés ci-dessous.

terme générique | synonyme | périphrase | mot de la même famille

1. L'association sportive propose de nous initier à **la boxe**. Ce sport m'attire beaucoup. ....

2. Je ne partage pas **votre opinion** sur l'économie. C'est un point de vue trop simpliste ! ....

3. Nous avons étudié ***Roméo et Juliette***. Toute la classe a décidé de jouer ce chef-d'œuvre de Shakespeare. ....

4. Charles est particulièrement **impatient**. Cette impatience le rend très nerveux. ....

MÉMO

Les reprises nominales

Les reprises nominales permettent d'apporter une **information supplémentaire**, de **créer un effet** ou de **donner un nouveau point de vue**. Elles prennent différentes formes.

Un même nom avec un déterminant différent *Ex. : Elle a rencontré un cousin. Ce cousin habite en Australie.*

Un mot de la même famille *Ex. : Il a testé ce nouveau matériel. Le test a été concluant.*

Un synonyme *Ex. : Ce comédien est formidable, c'est un artiste reconnu.*

Une périphrase *Ex. : Émile Zola, chef de file du naturalisme, a vécu au XIXe siècle.*

Un terme générique *Ex. : La baleine est en danger, les hommes doivent protéger ce mammifère.*

Les reprises pronominales

Les reprises pronominales permettent d'**éviter les lourdeurs d'une répétition** par l'emploi d'un pronom personnel, démonstratif, possessif ou indéfini. *Ex. : Tim écoute le guide, celui-ci est passionnant.*

Je m'entraîne au Brevet

3 Dans le passage suivant, relevez les noms qui désignent les chaussures du narrateur. Quelle impression ces reprises créent-elles ?

Certes, mes chaussures faisaient mauvais effet. Deux morceaux de carton vomi. Plus de trous que de matière. Des béances ficelées par du raphia. Un modèle aéré, ouvert au froid, au vent et même à mes orteils. Deux godillots qui ne résistaient à la pluie que depuis que plusieurs couches de boue les avaient encrottés. Je ne pouvais me risquer à les nettoyer sous peine de les voir disparaître. Le seul indice qui permettait à mes chaussures de passer pour des chaussures, c'était que je les portais aux pieds.

Éric-Emmanuel Schmitt, *L'Enfant de Noé*, Albin Michel, 2004.

....

....

....

....

4 Lisez le texte. Relevez les reprises nominales qui désignent les archives. Que mettent-elles en valeur ?

L'histoire de la Shoah n'a pas fini d'être écrite. Des archives doivent être encore ouvertes [...]. Les multiples témoignages écrits par d'anciens déportés au fil des années et les nombreux enregistrements réalisés méritent d'être analysés et exploités, en dépit de leurs non-dits, de leurs imprécisions, voire de leur inexactitude. Au XXIe siècle, l'historien aura pour tâche de collecter, de comparer, de traiter toutes ces contributions. Il est temps qu'il prête assistance à tous ces textes orphelins.

Simone Veil, *Mes combats*, Bayard, 2016.

....

....

....

....

....

5 Quelles sont les différentes reprises qui désignent le maçon ? Quelle progression remarquez-vous ?

Les S.S. avaient surpris un jeune maçon qui revenait de relever des collets. Sa frayeur le désigna à leurs tortures. Une voix se penchait hurlante sur le corps tuméfié : « Où est-il ? Conduis-nous », suivie de silence. Et coups de pieds et coups de crosse de pleuvoir. Une rage insensée s'empara de moi, chassa mon angoisse. Mes mains communiquaient à mon arme leur sueur crispée, exaltaient sa puissance contenue. Je calculais que le malheureux se tairait encore cinq minutes, puis, fatalement, il *parlerait*.

René Char, « Feuillets d'Hypnos », *Fureur et Mystère*, © Galllimard, 1948.

....

....

....

....

14 Repérer et interpréter un champ lexical

Je comprends et j'applique la méthode

Relevez dans ce passage le champ lexical de l'isolement.

- On vous demande de citer précisément les mots du texte qui évoquent l'idée d'isolement.

À quel sentiment ou quelle impression est associé ce champ lexical ? Commentez.

- Le champ lexical relevé doit toujours faire l'objet d'une analyse, d'une interprétation au service de la compréhension du texte. Ici, il faut étudier le lien entre le champ lexical relevé et des mots ou des expressions du texte qui expriment un sentiment ou une impression.

J'ai vécu dans une petite stanitza de la steppe trans-caucasienne, dans une solitude presque totale. Combien était paisible la nuit du jardin où embaumait le tabac. J'ai vécu dans un ranch solitaire du désert fertile de la Californie et, marchant la nuit sur le macadam de la route, je réfléchissais tranquillement à ce que je devais acheter le lendemain dans la ville voisine.

Elsa Triolet, *À Tahiti* [1925], trad. du russe par l'auteure, Les Éditions du Sonneur, 2011.

Réponse attendue : Le champ lexical de l'isolement est « steppe », « solitude », « solitaire », « désert ». Les mots relevés semblent assez péjoratifs, pourtant ce champ lexical est associé à un sentiment de bien-être : « paisible », « tranquillement ». L'isolement n'est donc pas perçu par la narratrice comme quelque chose de négatif.

Je m'exerce

1 Quels champs lexicaux les séries de mots ci-dessous évoquent-elles ?

1. blessure • lancinant • crier • râle • insupportable ....

....

2. lointain • île • navire • évasion • route ....

....

2 a. Quel est le champ lexical de cette série de mots ?

val • rivière • herbe • mousse • glaïeul

....

b. Dans un texte évoquant l'idée de mort, comment interpréteriez-vous l'usage du champ lexical ci-dessus ?

....

....

....

....

....

MÉMO

Repérer le champ lexical

Le champ lexical est formé de mots ou d'expressions **se rapportant à un même thème.**
Ex. : l'amour.

Les mots à relever peuvent être de natures variées : noms, adjectifs, verbes…
Ex. : brûler, feux, ardent, aimer, passion…

Interpréter le champ lexical

Le champ lexical permet d'intensifier ou de modifier une atmosphère, une impression ou un sentiment suggéré par le texte.
Pour l'interpréter, on peut se poser la question : en quoi ce champ lexical renforce-t-il ou modifie-t-il les éléments présents dans le texte ?
Ex. : On remarque que le champ lexical du feu est employé pour renforcer l'expression de la puissance de l'amour.

Je m'entraîne au Brevet

3 Relevez et nommez le champ lexical présent dans ce poème. Quel est l'intérêt de ce choix ?

Observez les liens (insistance, renforcement, opposition…) entre le champ lexical employé et l'atmosphère, les sentiments ou les idées mentionnés par le texte.

Au lac de tes yeux très profond
Mon pauvre cœur se noie et fond
Là le défont
Dans l'eau d'amour et de folie
Souvenir et Mélancolie

Guillaume Apollinaire, *Poèmes à Lou*, V, 1955.

……………………………………………………
……………………………………………………
……………………………………………………
……………………………………………………
……………………………………………………

4 Quel champ lexical dominant dans ce texte définit le fanatisme ? Commentez ce choix.

Lorsqu'une fois le fanatisme a gangrené[1] un cerveau, la maladie est presque incurable.

J'ai vu des convulsionnaires qui, en parlant des miracles de Saint Pâris, s'échauffaient par degrés malgré eux : leurs yeux s'enflammaient, leurs membres tremblaient, la fureur défigurait leur visage et ils auraient tué quiconque les eût contredits.

Il n'y a d'autre remède à cette maladie épidémique que l'esprit philosophique, qui, répandu de proche en proche, adoucit enfin les mœurs des hommes, et qui prévient les accès du mal.

Voltaire, « Fanatisme », *Dictionnaire philosophique*, 1764.

1. **Gangrené** : infecté.

……………………………………………………………………………………………………
……………………………………………………………………………………………………
……………………………………………………………………………………………………
……………………………………………………………………………………………………

5 a. Quel champ lexical est employé pour décrire le père Grandet ? Citez les mots du texte pour répondre.

Au physique, Grandet était un homme de cinq pieds[1], trapu, carré, ayant des mollets de douze pieds de circonférence, des rotules noueuses et de larges épaules ; son visage était rond, tanné, marqué de petite vérole[2] ; son menton était droit, ses lèvres n'offraient aucune sinuosité, et ses dents étaient blanches ; ses yeux avaient l'expression calme et dévoratrice que le peuple accorde au basilic[3] ; son front, plein de rides transversales, ne manquait pas de protubérances significatives.

Honoré de Balzac, *Eugénie Grandet*, 1834.

1. **Pieds** : ancienne unité de mesure (un pied = 30 cm). 2. **Petite vérole** : maladie qui laisse des marques sur la peau. 3. **Basilic** : reptile mythologique dangereux.

……………………………………………………………………………………………………
……………………………………………………………………………………………………

b. Quelle indication ce champ lexical peut-il donner sur le caractère du personnage ?

……………………………………………………………………………………………………
……………………………………………………………………………………………………

15 Analyser l'expression d'un jugement

Je comprends et j'applique la méthode

Le jugement porté sur la petite-fille de Mme Thi est-il négatif ou positif ?

- Repérez le passage du texte dans lequel le jugement en question est formulé. Il peut être intégré à la narration ou faire l'objet de paroles rapportées.
- Choisissez l'une des deux alternatives proposées.

Quels indices vous ont permis de répondre ?

- Relevez les mots qui vous ont permis de vous prononcer et précisez leur nature.

Elle m'a ainsi proposé, un bel après-midi du mois d'août, d'aller rendre visite à Mme Thi et à sa petite-fille tout juste revenues de vacances, avec au bras un panier garni de confitures et de cerises du jardin. « Tu verras, elle est très gentille, et très bien élevée. Je suis sûre que tu n'auras aucun mal à t'entendre avec elle : vous avez le même genre de caractère, réservé sans être timide. »

Minh Tran Huy, *La Double Vie d'Anna Song*, Actes Sud, 2009.

Réponse attendue : Le jugement porté sur la petite-fille de Mme Thi est très positif, comme en témoignent l'adjectif « gentille » et la locution adjectivale « bien élevée », tous deux mélioratifs et renforcés par la répétition de l'adverbe « très ».

Je m'exerce

1 Ces adjectifs péjoratifs expriment un jugement négatif. Proposez un adjectif mélioratif pour chacun.

haïssable → ……

hideux → ……

repoussant → ……

méchant → ……

inefficace → ……

2 Classez ces verbes de jugement, du plus négatif au plus positif.

j'aime • je n'apprécie guère • j'adore • j'exècre • je tolère

……

3 Reliez les paires d'antonymes.

recommander •	• désapprouver
approuver •	• contester
admettre •	• blâmer
défendre •	• déconseiller
louer •	• réfuter

MÉMO

Identifier ou exprimer un jugement

Un jugement est un avis personnel, un point de vue moral, intellectuel ou esthétique, exprimé à l'aide de :
– marques de la première personne (*je, à mon avis*) ;
– verbes d'opinion (*approuver, apprécier, détester, condamner...*) ;
– adjectifs, noms (ou GN) et/ou adverbes mélioratifs (*raffiné, gentillesse, admirablement*) ou péjoratifs (*médiocre, honte, lamentablement*).

On peut nuancer un jugement par des termes ou expressions exprimant le doute (*peut-être, on pourrait penser*).

On peut renforcer l'expression d'un jugement par le biais d'une exclamation (*Quelle honte !*), l'emploi d'adverbes d'insistance (*particulièrement, trop, si, très*) et d'affirmation (*évidemment*).

Vous pouvez utiliser ces procédés pour enrichir votre réponse lorsqu'on vous demande de donner votre avis.

Je m'entraîne au Brevet

4 **Relevez et identifiez les indices qui témoignent de l'opinion très positive que Roxane a de Christian.**

Roxane est amoureuse de Christian et en discute avec son cousin, Cyrano.

ROXANE

Il ne peut exister à mon goût
Plus fin diseur de ces jolis riens qui sont tout.
Parfois il est distrait, ses Muses sont absentes ;
Puis, tout à coup, il dit des choses ravissantes !

CYRANO, *incrédule.*

Non ?

ROXANE

C'est trop fort ! Voilà comme les hommes sont :
Il n'aura pas d'esprit puisqu'il est beau garçon !

CYRANO

Il sait parler du cœur d'une façon experte ?

ROXANE

Mais il n'en parle pas, Monsieur, il en disserte !

Edmond Rostand, *Cyrano de Bergerac*, acte III, scène 1, 1897.

5 **L'adjectif souligné rend-il compte du jugement porté par Gustave Flaubert sur Léon Gambetta ? Justifiez votre réponse en relevant d'autres termes traduisant l'opinion de Flaubert.**

Gambetta (puisque vous me demandez mon opinion sur ledit sieur) m'a paru, au premier abord, grotesque – puis raisonnable, puis agréable. Et finalement, *charmant* (le mot n'est pas trop fort). Nous avons causé seul à seul pendant dix minutes et nous nous connaissons comme si nous nous étions vus cent fois ! – Ce qui me plaît en lui, c'est qu'il ne donne dans aucun poncif. Et je le crois Humain.

Gustave Flaubert, « Lettre à Emma Roger des Genettes », *Correspondance*, 1878.

6 **a. Quel jugement Michel Leiris porte-t-il sur lui-même dans ce texte ? Quels indices le prouvent ?**

J'aime à me vêtir avec le maximum d'élégance ; pourtant, à cause des défauts que je viens de relever dans ma structure et de mes moyens qui, sans que je puisse me dire pauvre, sont plutôt limités, je me juge d'ordinaire profondément inélégant ; j'ai horreur de me voir à l'improviste dans une glace car, faute de m'y être préparé, je me trouve à chaque fois d'une laideur humiliante.

Michel Leiris, *L'Âge d'homme*, © Gallimard, 1939.

b. Relevez un adverbe permettant de nuancer ce jugement, et un autre permettant de le renforcer.

16 Identifier le genre d'un texte

Je comprends et j'applique la méthode

À quel genre ce texte appartient-il ? Justifiez votre réponse.

- Identifier le genre d'un texte, c'est déterminer à quel domaine il appartient (roman, théâtre, poésie…).
- Vous devez vous appuyer sur une observation précise du texte (mise en page, thèmes abordés, procédés d'écriture, énonciation : personne, temps des verbes…) et du paratexte.

Je suis née à quatre heures du matin, le 9 janvier 1908, dans une chambre aux murs laqués de blanc, qui donnait sur le boulevard Raspail. Sur les photos de famille prises l'été suivant, on voit de jeunes dames en robes longues, aux chapeaux empanachés de plumes d'autruche, des messieurs coiffés de canotiers et de panamas qui sourient à un bébé : ce sont mes parents, mon grand-père, des oncles, des tantes, et c'est moi.

Simone de Beauvoir, *Mémoires d'une jeune fille rangée*, © Gallimard, 1958.

Réponse attendue : Le texte est rédigé à la première personne du singulier. L'auteure s'adresse au lecteur en utilisant les temps du discours (présent et passé composé). L'auteure, la narratrice et le personnage sont une seule et même personne. Son titre est aussi un indice : « Mémoires ». C'est un texte autobiographique.

Je m'exerce

1 Attribuez l'un des genres ci-dessous à chaque œuvre du tableau et donnez une ou deux caractéristiques du genre, comme dans l'exemple.

conte | journal intime | poésie | théâtre | récit d'aventures | fable | nouvelle fantastique

1. *Vendredi ou la Vie sauvage* (Michel Tournier)	récit d'aventures	Récit dans lequel le héros doit affronter des situations difficiles, dans un environnement inconnu, parfois hostile, qui l'amèneront à grandir.
2. *Le Petit Chaperon rouge* (Charles Perrault)	....	....
3. *Le Journal d'Anne Frank*	....	....
4. « Le Cancre » (Jacques Prévert)	....	....
5. *Antigone* (Jean Anouilh)	....	....
6. « La Cigale et la Fourmi » (Jean de La Fontaine)	....	....
7. *Le Horla* (Guy de Maupassant)	....	....

MÉMO

Les genres

Il existe **différents genres littéraires** qui peuvent être déclinés en sous-genres.
Quelques exemples :
Le roman (d'aventures, épistolaire, autobiographique, d'initiation, de voyage, de chevalerie, de science-fiction, historique, policier, fantastique…).
La nouvelle, le conte.
Le théâtre (comédie, tragédie…).
La poésie (lyrique, engagée…).
La fable.
La lettre, le journal intime…

Je m'entraîne au Brevet

2 À quel genre littéraire appartient cet extrait ? Justifiez votre réponse en vous montrant précis.

POLYNICE.
Ah ! les traîtres ! Allons, Hémon, il faut sortir.
(À la reine.)
Madame, vous voyez comme il tient sa parole :
Mais il veut le combat, il m'attaque, et j'y vole.
JOCASTE.
Polynice ! Mon fils !... Mais il ne m'entend plus :
Aussi bien que mes pleurs, mes cris sont superflus.

Jean Racine, *La Thébaïde*, acte II, scène 4, 1664.

....

....

....

....

....

....

....

....

3 À quel genre ce texte appartient-il ? Justifiez votre réponse par au moins deux indices.

Laisse-moi respirer longtemps, longtemps, l'odeur de tes cheveux, y plonger tout mon visage, comme un homme altéré dans l'eau d'une source, et les agiter avec ma main comme un mouchoir odorant, pour secouer des souvenirs dans l'air.

Si tu pouvais savoir tout ce que je vois ! tout ce que je sens ! tout ce que j'entends dans tes cheveux ! Mon âme voyage sur le parfum comme l'âme des autres hommes sur la musique.

Tes cheveux contiennent tout un rêve, plein de voilures et de mâtures [...].

Charles Baudelaire, « Un hémisphère dans une chevelure », *Le Spleen de Paris*, 1869.

....

....

....

....

....

4 Ce texte est extrait d'un discours : à quoi le voyez-vous ? Dans le texte, relevez au moins deux éléments qui le montrent.

Un jour viendra où les armes vous tomberont des mains, à vous aussi ! [...] Un jour viendra où vous France, vous Russie, vous Italie, vous Angleterre, vous Allemagne, vous toutes, nations du continent, sans perdre vos qualités distinctes et votre glorieuse individualité vous vous fondrez étroitement dans une unité supérieure. [...] Un jour viendra où l'on montrera un canon dans les musées comme on y montre aujourd'hui un instrument de torture, en s'étonnant que cela ait pu être ! *(Rires et bravos.)*

Victor Hugo, discours d'ouverture du Congrès de la paix, 21 août 1849.

....

....

....

....

....

....

17 Identifier le narrateur

Je comprends et j'applique la méthode

À quelle personne la narration est-elle menée ? Quel est le point de vue adopté ?

- Pour identifier la personne, soulignez dans le passage les pronoms personnels, les déterminants et les pronoms possessifs.
- Pour déterminer le point de vue adopté, repérez les verbes de perception et de pensée ainsi que les propos rapportés.

Quel effet ce choix de point de vue a-t-il sur le lecteur ?

- Identifiez les conséquences du point de vue adopté sur le rapport que le lecteur entretient avec le personnage : un rapport de proximité (point de vue interne), un rapport distant (point de vue externe), ou encore une impression de supériorité (point de vue omniscient).

> Le commandant pensa qu'à sa place, il aurait eu à cœur, avant toute chose, de se venger des membres de l'équipage. C'étaient eux qui avaient abandonné le navire. [...] C'étaient eux qui avaient tué l'enfant en ne laissant aucune réserve d'eau. Oui, sans aucun doute, il aurait essayé de retrouver l'équipage du *Vittoria* et il leur aurait fait payer leur saleté.
>
> Laurent Gaudé, *Eldorado*, Actes Sud, 2006.

Réponse attendue : La narration est menée à la 3e personne, ce qui indique que le narrateur n'est ni un témoin ni un des personnages de l'histoire. Pourtant on accède aux pensées du « commandant » car le point de vue adopté est interne. En effet, à partir du verbe « penser », on plonge dans l'esprit du personnage. On reconnaît alors le discours indirect libre, comme le « Oui, sans aucun doute » le prouve. En accédant à ses pensées, le lecteur se sent plus proche du personnage, malgré le choix de la 3e personne.

Je m'exerce

1 Quel est le point de vue adopté dans ces récits à la 3e personne ? Soulignez les éléments qui vous ont permis de répondre.

1. Elle avait passé des heures à se préparer. Comment s'habiller pour ne pas lui donner l'impression qu'elle s'était faite belle pour lui, ni qu'elle se négligeait ? Une fois arrivée devant le café, sa gorge se serra, sa bouche était sèche, ses mains moites.

....

2. Le jeune homme arriva en avance comme à son habitude. Depuis le matin, il avait changé dix fois de tenue, se demandant quels vêtements porter dans de telles circonstances.

....

....

3. Une jeune fille, à l'air anxieux, attendait devant la terrasse d'un café parisien. Elle ne cessait de regarder sa montre et, le temps passant, son apparente anxiété laissa place à des soupirs exaspérés.

....

....

MÉMO

Identifier le narrateur

Le narrateur est la voix choisie par l'auteur(e) pour raconter son récit.

Lorsque le narrateur est un personnage ou un témoin de l'histoire, le récit est mené à la première personne.

Lorsque le narrateur n'est pas un personnage de l'histoire, le récit est mené à la troisième personne.

Les types de points de vue

Externe : Le narrateur ne raconte que **ce qu'il voit de l'extérieur**, comme un spectateur.

Interne : Le narrateur présente les faits en adoptant **le regard d'un personnage**. Il ne dit que ce que sait et pense le personnage.

Omniscient : Le narrateur **sait tout**. Il en dit plus que ce que savent les personnages et rend compte des pensées et actions passées et futures de chacun. Il peut aussi manifester son jugement et ses sentiments à travers des modalisateurs.

Je m'entraîne au Brevet

2 **a. À quelle personne ce récit est-il mené ? Quel est le point de vue adopté ? Justifiez votre réponse.**

> Comment était-ce, Paris ? Quel nom démesuré ! Elle se le répétait à demi-voix, pour se faire plaisir ; il sonnait à ses oreilles comme un bourdon de cathédrale ; il flamboyait à ses yeux jusque sur l'étiquette de ses pots de pommade.
>
> Gustave Flaubert, *Madame Bovary*, 1857.

....

....

....

....

b. Quel est l'effet sur le lecteur ?

....

3 **a. Quelle est la place du narrateur dans ce récit ? Justifiez votre réponse.**

> Assise dans la salle du journal du lycée Gordon, Laurie Saunders mâchouillait le bout d'un stylo Bic. C'était une jolie fille aux cheveux châtains coupés court qui souriait presque tout le temps, sauf lorsqu'elle était préoccupée ou qu'elle mordillait un stylo. Ces derniers temps, elle en avait rongé des tonnes.
>
> Todd Strasser, *La Vague* [1981], trad. de l'anglais par A. Carlier, J.-C. Gawsewitch, 2008.

....

....

b. Quel est le point de vue adopté ? Justifiez votre réponse.

....

....

4 **Dans ce texte où le point de vue adopté est omniscient, le narrateur manifeste-t-il sa présence ?**

> Jamais tant d'hommes à la fois n'avaient dit adieu à leur famille et à leur maison pour commencer une guerre les uns contre les autres. Jamais non plus des soldats n'étaient partis pour les champs de bataille mieux convaincus que l'affaire les concernait personnellement. [...]
>
> Chacun des deux peuples s'était élancé à la rencontre de l'autre, en tâchant de bien maintenir dans sa tête une idée de la guerre aussi excitante que possible. Les Allemands s'efforçaient de croire qu'ils reprenaient une vieille épopée [...].
>
> Les Français préféraient s'imaginer que, ce qu'ils avaient derrière eux, c'était l'humanité ; qu'une fois de plus [...] elle avait décidé de les choisir, eux, pour champions.
>
> Jules Romains, « Prélude à Verdun », *Les Hommes de bonne volonté*, 1958.

....

....

....

....

18 Repérer le cadre spatio-temporel

Je comprends et j'applique la méthode

Déterminez le cadre spatio-temporel de ce récit.

- Cette question vous invite à identifier où et quand l'action se situe.
Pour cela, repérez les éléments explicites mais aussi implicites qui vous permettront de situer les faits dans le temps et dans l'espace.

Quel effet ces détails ont-ils sur le lecteur ?

- L'identification et l'analyse du cadre spatio-temporel permettent souvent de percevoir des sentiments, des impressions liés au lieu, à l'époque ou au rythme du récit.

> Nous étions remontés en ligne devant Herbécourt, dans la tranchée Clara, où tout l'héroïsme consistait de résister durant quatre jours à la succion de la boue qui faisait ventouse par en bas. Cette tranchée Clara était une position allemande qui avait été prise et reprise je ne sais combien de fois le mois précédent et si nous l'occupions, ce n'était peut-être que provisoirement.
>
> Blaise Cendrars, *La Main coupée* [1946], dans *Ceux de Verdun*, Flammarion, 2006.

Réponse attendue : Il est question d'une tranchée, « la tranchée Clara », et d'« une position allemande » qui nous donnent des indications de lieu. Ces indications de lieu nous renvoient implicitement à la période de la Première Guerre mondiale. Le lecteur peut être frappé par le réalisme du récit car c'est la réalité de la guerre qui est évoquée ici : la boue, les positions incertaines, le nom de lieux réels.

Je m'exerce

1 Soulignez les indices du cadre spatio-temporel des phrases suivantes et indiquez quelle époque et/ou quel lieu ils évoquent.

1. « Mme Boumiran et ses deux enfants, Marc et Robert, désirent passer en zone libre. Je... j'avais promis de m'en occuper mais le passeur est absent. »
(Jean-Paul Nozière, *La Chanson de Hannah*, Nathan, 1990)

....

....

2. « À ce moment, j'entendis mon nom : la maîtresse m'interrogeait. Je dus me lever, je récitai de manière machinale un court poème de Victor Hugo, qu'heureusement je savais fort bien. Dès que rassise, Sara glissa dans ma main le billet au verso duquel elle avait écrit : "Venez chez nous dimanche prochain, à trois heures." » (André Gide, *Geneviève ou la Confidence inachevée*, © Gallimard, 1936)

....

....

MÉMO

Le cadre spatial

Il est composé d'éléments explicites que l'on peut relever notamment grâce aux compléments circonstanciels de lieu.
Ex. : à Paris, dans une forêt, sur un lit.

Et d'éléments implicites, comme des noms à consonance étrangère ou des champs lexicaux évoquant un lieu. *Ex. : le bastingage, la voilure, le mât (qui renvoient à un bateau).*

Plusieurs lieux peuvent être évoqués dans un même extrait.

Le cadre temporel

Il est composé d'éléments explicites que l'on peut relever notamment grâce aux compléments circonstanciels de temps. *Ex. : 1915, ce matin, quelques années avant la Révolution...*

Et d'éléments implicites, comme l'évocation de personnages historiques, de coutumes, d'objets d'autres époques.
Ex. : aubergiste, marmiton, laquais, lieues...

Le déroulement d'un récit peut suivre l'ordre chronologique ou non (retour en arrière ou anticipation).

La précision du cadre spatio-temporel peut mettre en valeur un genre (*comme la science-fiction*), un registre (*réaliste*), ou encore une atmosphère (*inquiétante*...).

Je m'entraîne au Brevet

2 **Relevez les indices de temps dans ce passage. Pouvez-vous dater précisément les faits ? Que pouvez-vous en conclure sur le genre auquel ce texte appartient ?**

> Il était une fois un calife d'Ispahan qui avait perdu son cuisinier. Il ordonna donc à son intendant de se mettre en quête d'un nouveau chef digne de remplir les fonctions de chef des cuisines du palais.
>
> Les jours passèrent. Le calife s'impatienta et convoqua son intendant.
>
> Michel Tournier, « Les Deux Banquets ou la Commémoration », *Le Médianoche amoureux*, © Gallimard, 1989.

....

....

3 **a. Quels sont les éléments qui permettent de situer cet extrait dans un camp de concentration ?**

> Un jeune soldat étoilé de rouge [...] le prit dans ses bras, l'arrachant au tas de mourants, et le déposa devant la baraque, sur un bout de terrain sans cadavres, sous le soleil du printemps renaissant. [...] Là même où hier encore régnait la neige, les bottes et les cravaches des casquettes à têtes de mort, l'herbe repoussait grasse et touffue, parsemée d'une multitude de fleurettes blanches. C'est alors qu'il entendit un oiseau chanter à tue-tête l'hymne du retour à la vie.
>
> Jean-Claude Grumberg, *La Plus Précieuse des marchandises. Un conte*, Le Seuil, 2019.

....

....

....

....

b. En vous appuyant sur les descriptions du lieu, expliquez l'expression « l'hymne du retour à la vie ».

....

....

....

4 **Quels sentiments les personnages éprouvent-ils à l'égard des deux lieux évoqués dans le texte ? Déterminez le cadre spatio-temporel pour répondre.**

> Don Giorgio nous a menés jusqu'au port et nous avons embarqué sur un de ces paquebots construits pour emmener les crève-la-faim d'un point à un autre du globe, dans de grands soupirs de fioul. [...] Comme tous les autres, nous avons pleuré lorsque l'immense bateau a quitté la baie de Naples. « La vie commence », a murmuré Domenico. L'Italie disparaissait à vue d'œil. Comme tous les autres, nous nous sommes tournés vers l'Amérique [...].
>
> Laurent Gaudé, *Le Soleil des Scorta*, Actes Sud, 2004.

....

....

....

....

19 Analyser un poème

Je comprends et j'applique la méthode

Quels éléments vous permettent d'identifier un poème ?

- On vous invite à relever des caractéristiques du poème et à utiliser le vocabulaire d'analyse poétique. Ces questions de repérage vont vous conduire vers des démarches d'interprétation.
- Soyez attentif(ve) : le poème peut être en vers, en vers libres, ou en prose.

Donnez au moins trois indices.

- Appuyez-vous sur la forme, les sonorités, les images, le rythme.

Un moulin tourne au fond du soir, très lentement,
Sur un ciel de tristesse et de mélancolie,
Il tourne et tourne, et sa voile couleur de lie,
Est triste et faible et lourde et lasse infiniment.

Émile Verhaeren, « Le Moulin », *Les Soirs*, 1887.

Réponse attendue : Différentes caractéristiques permettent d'identifier un poème : la présence de vers (alexandrins) avec des rimes embrassées (abba). Les vers sont disposés en quatrain. Le rythme du dernier vers est saccadé en raison de la répétition de la préposition « et ». On note également deux personnifications* (la voile est « triste », le ciel « de tristesse »).

**La figure de style participe de la poésie mais ne suffit pas à la définir.*

Je m'exerce

1 **Associez chaque extrait au thème qu'il développe. Soulignez dans les poèmes les éléments qui vous ont permis de répondre.**

amour perdu | famine | engagement

1. « [...] Et par le pouvoir d'un mot
Je recommence ma vie
Je suis né pour te connaître
Pour te nommer

Liberté »

Paul Éluard, « Liberté », in *Au rendez-vous allemand*, © 1945 by Les Éditions de Minuit.

engagement

2. « Sous le pont Mirabeau coule la Seine
Et nos amours
Faut-il qu'il m'en souvienne
La joie venait toujours après la peine »

Guillaume Apollinaire, « Le Pont Mirabeau », *Alcools*, 1913.

amour perdu

3. « Noirs dans la neige et dans la brume,
Au grand soupirail qui s'allume,
Leurs culs en rond,
À genoux, cinq petits, – misère ! –
Regardent le boulanger faire
Le lourd pain blond. »

Arthur Rimbaud, « Les Effarés », 1870.

Famine

MÉMO

Repérer la forme du poème

Est-ce un poème en **vers**, en **vers libres** (sans mètre, ni rimes) ou en **prose** (sans vers) ?

Voyez si le poème a une forme particulière.
Ex. : sonnet, ode, haïku, fable, calligramme...

Nommez les vers.
Ex. : octosyllabes, décasyllabes, alexandrins...

Observez les strophes.
Ex. : distiques, tercets, quatrains...

Repérez le type de rimes : *embrassées (abba), croisées (abab), suivies (aabb).*

Observer la musicalité

Repérez le rythme.
Ex. : régulier, saccadé, binaire...

Remarquez les sonorités (rimes et jeux sonores), **la répétition des sons.**

Repérez les figures de style et leurs effets, les procédés d'écriture (→ p. 26 et p. 52).

Proposer une interprétation

Analysez les thèmes présents dans le poème.
Ex. : amour, nature, engagement...

Identifiez le registre du poème.
Ex. : tragique, comique, ironique, lyrique...

Réfléchissez aux émotions que vous ressentez.
Ex. : tristesse, joie, amour, compassion, révolte...

2 **a. Indiquez pour chaque vers le nombre de syllabes et cochez le vers qui correspond.**

Pour le compte des syllabes, attention au -e qui est muet lorsqu'il est placé en fin de vers ou devant un mot commençant par une voyelle ou un h muet.

> Une Grenouille vit un Bœuf
> Qui lui sembla de belle taille.
> Elle, qui n'était pas grosse en tout comme un œuf,
> Envieuse, s'étend, et s'enfle et se travaille
> Pour égaler l'animal en grosseur,
>
> Jean de La Fontaine, « La Grenouille qui se veut faire aussi grosse que le Bœuf », *Fables*, I, 3, 1668.

Vers 1 : 8

☒ octosyllabe ☐ décasyllabe ☐ alexandrin

Vers 2 : 8

☒ octosyllabe ☐ décasyllabe ☐ alexandrin

Vers 3 : 12

☐ octosyllabe ☐ décasyllabe ☒ alexandrin

Vers 4 : 12

☐ octosyllabe ☐ décasyllabe ☒ alexandrin

Vers 5 : 10

☐ octosyllabe ☒ décasyllabe ☐ alexandrin

b. Quel lien pouvez-vous faire entre la longueur du vers et le contenu du texte ?

....

c. Quel autre procédé est utilisé dans cet extrait pour représenter son contenu ?

→ 11. Identifier et interpréter les figures de style, p. 26.

....

3 **a. De quel type de strophe cet extrait de poème est-il constitué ?**

☐ tercet ☒ quatrain ☐ quintil ☐ sixain

> Elle était déchaussée, elle était décoiffée,
> Assise, les pieds nus, parmi les joncs penchants ;
> Moi qui passait par là, je crus voir une fée,
> Et je lui dis : Veux-tu t'en venir dans les champs ?
>
> Elle me regarda de ce regard suprême
> Qui reste à la beauté quand nous en triomphons,
> Et je lui dis : Veux-tu, c'est le mois où l'on aime,
> Veux-tu nous en aller sous les arbres profonds ?
>
> Victor Hugo, « Elle était déchaussée... », *Les Contemplations*, 1856.

b. Quel est le type de vers employé ? Délimitez les syllabes des vers 1 et 3 pour répondre.

☐ octosyllabes ☐ décasyllabes ☒ alexandrins ☐ vers impairs

c. Quel type de rimes est employé ? Repérez ces sonorités à d'autres endroits dans la première strophe. Comment s'appelle ce type de reprise ?

L'allitération est la répétition d'un son consonne. L'assonance est la répétition d'un son voyelle.

....

d. Quel effet produisent ces sonorités ?

Pour déterminer l'effet produit par les sonorités, dites ce qu'elles vous évoquent.
Certaines sonorités peuvent être fluides, « m », « l », dures, « k », « t », d'autres sourdes, « on », ou claires, « ê ».

....

....

4 Quel est le sentiment exprimé par le poète dans cet extrait ? Expliquez votre réponse en vous appuyant sur les mots soulignés.

→ 22. Caractériser la tonalité ou l'atmosphère d'un texte, p. 54.

Que le vent qui gémit, le roseau qui soupire,
Que les parfums légers de ton air embaumé,
Que tout ce qu'on entend, l'on voit ou l'on respire,
Tout dise : Ils ont aimé !

Alphonse de Lamartine, « Le Lac »,
Méditations poétiques, 1820.

Le sentiment exprimé est la mélancolie

Je m'entraîne au Brevet

5 Comment Apollinaire fait-il entendre le battement de son cœur dans ces vers ?

Il y a des petits ponts épatants
Il y a mon cœur qui bat pour toi

Guillaume Apollinaire, « Il y a », *Poèmes à Lou*, 1947.

le battement de coeur un

6 Quels éléments, dans l'extrait ci-dessous, vous permettent d'identifier un poème ?

Les vers libres sont des vers sans rimes, avec des mètres variés, mais qui par leur rythme et leur disposition (retours à la ligne, majuscules) ne sont pas assimilés à la prose.

J'ai tant rêvé de toi que tu perds ta réalité.
Est-il encore temps d'atteindre ce corps vivant et de baiser sur cette bouche la naissance
de la voix qui m'est chère ?
J'ai tant rêvé de toi que mes bras habitués en étreignant ton ombre
à se croiser sur ma poitrine ne se plieraient pas au contour de ton corps, peut-être.

Robert Desnos « J'ai tant rêvé de toi », *Corps et Biens* [1930], © Gallimard, 1968.

7 Relevez les différents sens évoqués dans l'extrait de poème ci-dessous. Commentez le passage souligné.

Parmi les cinq sens, on trouve la vue, le goût, l'ouïe, l'odorat, le toucher. Observez les sonorités pour répondre.

J'entends des voix. Lueurs à travers ma paupière.
Une cloche est en branle à l'église Saint-Pierre.
Cris des baigneurs. Plus près ! plus loin ! non, par ici !
Non, par là ! Les oiseaux gazouillent, Jeanne aussi.
Georges l'appelle. Chant des coqs. Une truelle
Racle un toit. Des chevaux passent dans la ruelle.

Victor Hugo, « Fenêtres ouvertes »,
L'Art d'être grand-père, 1877.

8 **a. Quelle figure de style est présente dans les trois premiers vers de ce poème ? Que met-elle en valeur ?**

Pour repérer l'effet d'une figure de style, pensez aux idées, sensations, sentiments qu'elle peut souligner, renforcer.

Jours de lenteur, jours de pluie,
Jours de miroirs brisés et d'aiguilles perdues,
Jours de paupières closes à l'horizon des mers,
D'heures toutes semblables, jours de captivité,

Mon esprit qui brillait encore sur les feuilles
Et les fleurs, mon esprit est nu comme l'amour,
L'aurore qu'il oublie lui fait baisser la tête
Et contempler son corps obéissant et vain.

Pourtant j'ai vu les plus beaux yeux du monde,
Dieux d'argent qui tenaient des saphirs dans leurs mains,

De véritables dieux, des oiseaux dans la terre
Et dans l'eau, je les ai vus.

Leurs ailes sont les miennes, rien n'existe
Que leur vol qui secoue ma misère,
Leur vol d'étoile et de lumière
Leur vol de terre, leur vol de pierre
Sur les flots de leurs ailes,

Ma pensée soutenue par la vie et la mort.

Paul Éluard, « Leurs yeux toujours purs », *Capitale de la douleur*, © Gallimard, 1926.

anaphore Le mot « jours » est repeté a chaque debut de phrase

b. Quelle tonalité est présente dans ce poème ?

Repérez les différents thèmes présents dans ce poème à l'aide des champs lexicaux pour déterminer le registre.

la lenteur de la pluie, de la perte, et de la captivité Les champs lexicaux de la tristesse et de la nostalgie dominent creant une atmosphère de desespoir et de reflexion interieure

9 **Comment l'agitation du monde moderne apparaît-elle dans cet extrait ? Observez les procédés d'écriture.**

Observez la mise en page, la structure des phrases et l'enchaînement des vers. → 21. Analyser les procédés d'écriture, p. 52.

Il est quatorze heures nous sommes enfin à quai
J'ai découvert un paquet d'hommes à l'ombre dans
l'ombre ramassée d'une grue
Certificats médicaux passeport douane
Je débarque
Je ne suis pas assis dans l'auto qui m'emporte mais dans
de la chaleur molle épaisse rembourrée comme une
carrosserie

Blaise Cendrars, « La plage Guarujà », © 1947, 1963, 2001, 2005, Éditions Denoël. Extrait tiré du vol. 1 de *Tout autour d'aujourd'hui*, nouvelle édition des œuvres complètes de Blaise Cendrars dirigée par Claude Leroy.

La juxtaposition des images et des actions, l'emploi de details concrets et spécifiques, Le contraste entre l'attente et l'action La description sensorielle

20 Analyser un texte théâtral

Je comprends et j'applique la méthode

Donnez trois indices qui permettent au lecteur d'identifier un texte de théâtre.

- **Relevez trois caractéristiques des textes de théâtre que vous identifiez dans l'extrait étudié. Il faut aussi utiliser le vocabulaire d'analyse. Pensez à identifier les didascalies, à aborder la mise en page, à évoquer les personnages et l'absence de narrateur. Les propos des personnages nous informent sur leurs projets, leur état d'esprit. Ces questions de repérage vous permettront d'interpréter l'extrait.**

PERDICAN. – Eh bien! adieu. J'aurais voulu m'asseoir avec toi sous les marronniers du petit bois et causer de bonne amitié une heure ou deux. Mais si cela te déplaît, n'en parlons plus; adieu, mon enfant.

Il sort.

CAMILLE, *à dame Pluche qui entre.* – Dame Pluche, tout est-il prêt? Partirons-nous demain? Mon tuteur a-t-il fini ses comptes?

Alfred de Musset, *On ne badine pas avec l'amour*, 1834.

Réponse attendue: On identifie le genre théâtral grâce aux didascalies, qui nous permettent aussi de savoir qui sont les personnages présents. L'absence de guillemets et de verbes de parole en incises correspond bien à la mise en page du dialogue théâtral. Enfin, les relations entre les personnages, leurs sentiments et l'annonce de ce qui doit se passer dans la suite de la pièce sont pris en charge par les paroles des personnages eux-mêmes et non par un narrateur.

Je m'exerce

1 a. Lisez le texte. Qu'est-ce qu'un prologue au théâtre?

PROLOGUE

Ils se regardent.

ROMAIN. – Si mon père sait ça, il me tue. (*Il s'en va.*)

SAM. – (*Au public*) Si j'avais su. Si j'avais su, j'aurais été violent avec lui. Je lui aurais dit: «Tu fais ce que tu veux. Allez ciao, dégage, va bouffer tes Oreo ailleurs.» Je l'aurais serré contre moi et je lui aurais dit: «Sauve-toi. Tout seul. Tous les deux. Maintenant. Pas le choix.» Voilà ce que je lui aurais dit.

Laurent Cottel, *Et tout le tremblement*, 2016.

....

....

b. Qui sont les deux personnages présents sur scène? Y restent-ils jusqu'à la fin de l'extrait? Justifiez votre réponse.

....

....

....

MÉMO

Repérer le genre et la forme de la pièce

Reconnaissez-vous le genre de la pièce?
Ex.: *une comédie, une tragédie, un drame...*
L'auteur(e) et le titre de la pièce peuvent vous guider.

Analyser la scène

Identifiez la situation d'énonciation: qui parle? où et quand? quel est le sujet du dialogue?

Repérez les personnages et leurs relations.
Ex.: *complicité, dispute, déclaration d'amour...*

Identifier les choix de l'écriture dramatique

Analysez les dialogues: identifiez les types de phrases utilisés par les personnages, ils donnent un rythme à la scène et suggèrent les rapports qui les unissent.

Repérez et analysez les didascalies: que nous apprennent-elles?

Analysez la place du spectateur par rapport aux personnages: en sait-il plus qu'eux, y a-t-il des adresses directes au spectateur, des apartés?

Identifiez et interprétez les figures de style et les procédés d'écriture (→ voir, p. 26 et p. 52).

Identifier l'effet produit sur le spectateur

Quelles sont les intentions de l'auteur(e)?
Ex.: *plaire, dénoncer, inquiéter...*

Repérez la ou les tonalité(s) de l'extrait.
Ex.: *tragique, dramatique, comique, pathétique...*

c. Combien comptez-vous de répliques ? ☐ 1 ☐ 2 ☐ 3 ☐ 4

d. Comment appelle-t-on la dernière réplique ? Justifiez votre réponse. Quel est son intérêt ?

....

Je m'entraîne au Brevet

2 a. À quel genre littéraire appartient cet extrait ? Justifiez votre réponse.

(En scène, au lever du rideau, Médée et la Nourrice accroupies par terre devant une roulotte. Des musiques, des chants vagues au loin. Elles écoutent. […])

LA NOURRICE. – Ah, je suis vieille et c'est trop long la route… Pourquoi, pourquoi est-on parties, Médée ?

MÉDÉE, crie. – On est parties parce que j'aimais Jason, parce que j'ai volé pour lui mon père, parce que j'avais tué mon frère pour lui ! Tais-toi, bonne femme, tais-toi. Crois-tu que c'est bon de toujours redire les choses ?

LA NOURRICE. – Tu avais un palais aux murs d'or et maintenant nous sommes là, accroupies comme deux mendiantes, devant ce feu qui s'éteint toujours.

Jean Anouilh, *Médée* [1946], Flammarion, 2014.

....

....

b. À votre avis, à quel moment de la pièce cet extrait se situe-t-il ? À quels indices le voit-on ?

Les différentes étapes de l'intrigue sont : la scène d'exposition, les péripéties, le nœud de l'intrigue, le coup de théâtre, le dénouement.

....

....

....

3 a. Présentez la situation d'énonciation de ce passage.

ÉLISE, *elle fait une révérence.* – Je ne veux point me marier, mon père, s'il vous plaît.

HARPAGON, *il contrefait sa révérence.* – Et moi, ma petite fille ma mie, je veux que vous vous mariiez, s'il vous plaît.

ÉLISE. – Je vous demande pardon, mon père.

HARPAGON. – Je vous demande pardon, ma fille. […] avec votre permission, vous l'épouserez dès ce soir.

ÉLISE. – Dès ce soir ?

HARPAGON. – Dès ce soir.

ÉLISE. – Cela ne sera pas, mon père.

HARPAGON. – Cela sera, ma fille.

ÉLISE. – Non.

HARPAGON. – Si.

ÉLISE. – Non, vous dis-je.

HARPAGON. – Si, vous dis-je.

Molière, *L'Avare*, acte I, scène 4, 1668.

....

....

b. Quelle est la tonalité de ce texte : tragique ou comique ? Justifiez en vous appuyant sur le texte, en particulier les éléments soulignés.

Pour la comédie, identifiez les procédés comiques. Ex. : comique de geste, de mots, de situation, de caractère.

....

....

....

4 a. Quelle tonalité identifiez-vous dans cet extrait ?

Théramène raconte à Thésée la mort de son fils, Hippolyte, traîné sur la route par ses chevaux.

THÉRAMÈNE. – [...] Excusez ma douleur. Cette image cruelle
Sera pour moi de pleurs une source éternelle.
J'ai vu, Seigneur, j'ai vu votre malheureux fils
Traîné par les chevaux que sa main a nourris.
[...] De nos cris douloureux la plaine retentit.
[...] De son généreux sang la trace nous conduit,
Les rochers en sont teints. Les ronces dégouttantes
Portent de ses cheveux les dépouilles sanglantes.

Jean Racine, *Phèdre*, acte V, scène 6, 1677.

....

....

b. Quel(s) sentiment(s) cette scène fait-elle naître en vous ?

....

....

5 a. Relevez deux verbes à l'impératif. À qui sont-ils adressés selon vous.

Le jeune Mohamed vient de terminer brillamment le collège et s'apprête à annoncer son succès à sa famille. Dans cette scène d'exposition, le « Chœur des Interprètes » (nom donné par le dramaturge aux commentateurs dans sa pièce) prend la parole.

– Imaginez : un gamin qui marche seul sur le trottoir de sa ville. [...]
– C'est Mohamed ?
– Évidemment, c'est Mohamed. [...]
– Regardez : il porte déjà son tee-shirt « Victory », deux doigts levés sur un soleil levant.
MOHAMED. – La Victoire.
– C'est comme ça qu'on l'appelle dans les cours de son quartier.
MOHAMED. – Mohamed Victory.
– Dans les ruelles du port.
– Salut à toi, Mohamed la Victoire !

Simon Grangeat, *Du piment dans les yeux*, éd. Les Solitaires Intempestifs, 2017.

....

....

....

....

....

....

b. **En quoi cet extrait est-il malgré tout déroutant pour le spectateur ?**

....

....

....

....

....

....

....

6 **a.** **Relevez des indices qui permettent de rattacher ce texte au genre théâtral.**

Cyrano confie à son ami Le Bret son amour impossible pour sa cousine Roxane.

LE BRET.

Eh bien ! mais c'est au mieux ! Tu l'aimes ? Dis-le-lui !
Tu t'es couvert de gloire à ses yeux aujourd'hui !

CYRANO.

Regarde-moi, mon cher, et dis quelle espérance
Pourrait bien me laisser cette protubérance !
Oh ! je ne me fais pas d'illusion ! – Parbleu,
Oui, quelquefois, je m'attendris, dans le soir bleu ;
J'entre en quelque jardin où l'heure se parfume ;
Avec mon pauvre grand diable de nez je hume
L'avril, – je suis des yeux, sous un rayon d'argent,
Au bras d'un cavalier, quelque femme, en songeant
Que pour marcher, à petits pas, dans la lune,
Aussi moi j'aimerais au bras en avoir une,
Je m'exalte, j'oublie… et j'aperçois soudain
L'ombre de mon profil sur le mur du jardin !

Edmond Rostand, *Cyrano de Bergerac*, acte I, scène 5, 1897.

....

....

....

b. **Quels types de phrases dominent ? Expriment-ils les mêmes sentiments chez les deux personnages ?**

....

....

....

c. **Comment cette pièce est-elle écrite ? En quoi cela permet-il de mettre en valeur la sensibilité de Cyrano ?**

Certaines pièces de théâtre sont écrites en vers. Dans ces cas-là, n'oubliez pas d'analyser la forme des vers, les schémas de rimes, les répétitions, les sonorités et le rythme des vers.

....

....

....

....

....

21 Analyser les procédés d'écriture

Je comprends et j'applique la méthode

Par quels procédés d'écriture la fatigue des soldats est-elle rendue perceptible ?

- On attire votre attention sur le fait qu'il y a dans l'écriture des points remarquables qui produisent un effet (ici, qui soulignent la fatigue des soldats). Observez le vocabulaire, les images, la construction des phrases, la ponctuation...

La nuit tombe. Il commence à faire froid. Les premiers ne tardent pas à apparaître. Une grappe d'hommes épuisés qui marchent lentement. La tête basse. Sans parler. Ils trébuchent souvent car ils sont trop fatigués pour ne pas laisser traîner leurs bottes. Une poignée d'hommes. Je les regarde passer. On dirait un peuple de boue. On voit à peine la couleur de leur uniforme. Juste de la boue séchée, partout. Sur le visage et sur les vêtements. Des barbes de trois jours. Le regard vide. Je crois qu'ils ne nous ont pas vus. [...] Des ombres. Sales et courbées. Je les regarde et il me semble qu'ils suivent un corbillard. Le cortège fantôme avance péniblement. Ils marchent, lents et tristes, derrière le corbillard invisible de leurs compagnons morts.

Laurent Gaudé, *Cris*, Actes Sud, 2001.

Réponse attendue : Le choix du vocabulaire permet d'insister sur les difficultés de la marche. Les images « grappe d'hommes », « peuple de boue », « cortège fantôme » contribuent à déshumaniser les soldats. L'accumulation de phrases nominales mime également la difficulté de la marche.

Je m'exerce

1 Comment est mise en valeur l'intimité entre le poète et son interlocutrice dans cet extrait ?

Il est nécessaire de faire un relevé précis et complet des mots ou expressions utiles et de le commenter. Il peut y avoir plusieurs procédés à analyser.

Mon enfant, ma sœur,
Songe à la douceur
D'aller là-bas vivre ensemble !
Aimer à loisir,
Aimer et mourir
Au pays qui te ressemble !

Charles Baudelaire, « L'Invitation au voyage », *Les Fleurs du mal*, 1857.

....

....

....

....

....

....

MÉMO
Les procédés d'écriture

Observez le vocabulaire :
- les champs lexicaux, les réseaux lexicaux et le champ sémantique ;
- le vocabulaire évaluatif : péjoratif, mélioratif, neutre ;
- les registres (ou niveaux) de langue ;
- la dénotation et la connotation ;
- les jeux de mots et la polysémie.

Analysez les images et les figures de style :
- les comparaisons, les métaphores... ;
- la ponctuation expressive ;
- les harmonies sonores : allitérations, assonances.

Identifiez la construction des phrases :
- les phrases verbales, nominales, simples, complexes, etc. ;
- le choix du temps, du mode verbal ;
- le choix des pronoms, de la personne, du point de vue.

Caractérisez les paroles rapportées
(→ voir p. 24).

Observez la mise en page
- les paragraphes, les blancs, les guillemets, les italiques...

Je m'entraîne au Brevet

2 Sur quel procédé d'écriture la scène ci-dessous repose-t-elle ? Quel est l'effet produit ?

Les procédés d'écriture doivent toujours être analysés. Vous trouverez souvent la formule « quel est l'effet produit ? », c'est-à-dire qu'on vous demande ce que cela apporte au texte et ce que peut ressentir le lecteur.

Dans une pharmacie, deux personnages arrivent avec une ordonnance du médecin.

– Messieurs, que puis-je pour vous ?

– Exécuter cette ordonnance... suggéra Colin.

Le pharmacien saisit le papier, le plia en deux, en fit une bande longue et serrée et l'introduisit dans une petite guillotine de bureau.

– Voilà qui est fait, dit-il en pressant un bouton rouge.

Le couperet s'abattit et l'ordonnance se détendit et s'affaissa.

– Repassez ce soir à six heures de relevée, vos remèdes seront prêts.

Boris Vian, *L'Écume des jours* [1947], Société Nouvelle des Éditions Pauvert, 1979, 1996 et 1998.
©Librairie Arthème Fayard, 1999 pour l'édition des œuvres complètes.

....

....

....

3 a. Lisez l'extrait. Quelles remarques pouvez-vous faire sur la disposition et les procédés d'écriture dans ce passage ? Trois remarques au moins sont attendues.

De tous ces gens-là qui m'entourent, m'emportent, me heurtent et me poussent, de cette foule parisienne qui coule, me contenant sur les trottoirs devant *La Samaritaine*, combien seraient capables de recommencer les gestes essentiels de la vie s'ils se trouvaient demain à l'aube dans un monde nu ?

Qui saurait orienter son foyer en plein air et faire du feu ?

Qui saurait reconnaître et trier parmi les plantes vénéneuses les nourricières comme l'épinard sauvage, la carotte sauvage, le navet des montagnes, le chou des pâturages ?

Qui saurait tisser l'étoffe ?

Qui saurait trouver les sucs pour faire le cuir ?

Qui saurait écorcher un chevreau ?

Qui saurait tanner la peau ?

Qui saurait vivre ?

Jean Giono, *Les Vraies Richesses*, Grasset, 1936.

....

....

....

....

....

b. Quel est, selon vous, l'effet recherché par le narrateur dans ce passage ? Développez votre réponse.

....

....

....

....

22 Caractériser la tonalité ou l'atmosphère d'un texte

Je comprends et j'applique la méthode

Caractérisez la tonalité de cet extrait.

- Intéressez-vous tout d'abord aux procédés d'écriture utilisés dans l'extrait étudié (→ voir p. 52), et plus particulièrement au(x) type(s) de phrases employées (→ voir p. 12), aux figures de style (→ voir p. 26) et aux champs lexicaux (→ voir p. 34).
- Appuyez-vous sur ces réponses pour qualifier la tonalité du texte de l'ensemble du passage mentionné à l'aide d'un adjectif.

Au début de la Seconde Guerre mondiale, Antoine de Saint-Exupéry a été pilote de guerre. Il témoigne dans son livre de cette période.

Jamais ils ne savaient rien. Personne ne savait rien. Ils évacuaient. Aucun refuge n'était plus disponible. Aucune route n'était plus praticable. Ils évacuaient quand même. On avait donné dans le Nord un grand coup de pied dans la fourmilière, et les fourmis s'en allaient. Laborieusement. Sans panique. Sans espoir. Sans désespoir. Comme par devoir.

Antoine de Saint-Exupéry, *Pilote de guerre*, © Gallimard, 1942.

Réponse attendue : L'accumulation de termes négatifs insiste sur l'absence de solution mais aussi l'absence de sentiments. Les personnes concernées n'ont plus d'objectif, ni même de réaction. Elles sont en proie au désespoir. Les cinq dernières phrases sont des phrases nominales. Elles accentuent l'aspect inéluctable, sans issue, de la situation. Ces procédés d'écriture contribuent à donner à cet extrait une tonalité pathétique ou tragique.

Je m'exerce

1 Attribuez à chaque tonalité ci-dessous la définition qui lui correspond.

lyrique | tragique | comique | polémique | pathétique

1. Développe des comportements, des situations provoquant le rire (jeux de mots, quiproquo, répétitions...). ....

2. Traduit la révolte et l'indignation du locuteur face à une situation (vocabulaire évaluatif, champ lexical moral...). ....

3. Développe l'expression de sentiments personnels (usage de la première personne, exclamation, champ lexical des sentiments...).

....

4. Suscite l'admiration devant le malheur et la fatalité frappant un personnage qui ne peut échapper à son destin (champ lexical de la mort, interrogations rhétoriques...). ....

5. Provoque la pitié face au malheur qui frappe des personnages (champ lexical de la douleur, exclamations...). ....

MÉMO

La tonalité

La tonalité d'un texte, désignée aussi parfois sous le terme de « registre », représente les **caractéristiques qui provoquent une émotion sur le lecteur**.

Vocabulaire pour qualifier un registre, un ton ou une tonalité : *fantastique, réaliste, tragique, comique, dramatique, lyrique, pathétique, polémique, élogieux, ironique...*

L'atmosphère

L'atmosphère est la perception que le lecteur a de l'environnement dans lequel les personnages se trouvent et où l'histoire se déroule.

Vocabulaire pour qualifier une atmosphère : *inquiétante, rassurante, sereine, étouffante, lourde, angoissante, apaisante, étrange, joyeuse, cérémonieuse, morbide, champêtre...*

Pour qualifier la tonalité ou l'atmosphère d'un texte, il faut s'appuyer sur les procédés d'écriture.

Je m'entraîne au Brevet

2 **a. Comparez les différentes attitudes des personnages.**

Argan, vieillard s'imaginant toujours malade, est entouré de sa jeune femme Béline et de sa servante Toinette.

BÉLINE, *accommodant les oreillers qu'elle met autour d'Argan.* Levez-vous que je mette ceci sous vous. Mettons celui-ci pour vous appuyer, et celui-là de l'autre côté.

TOINETTE, *lui mettant rudement un oreiller sur la tête, et puis fuyant.* Et celui-ci pour vous garder du serein[1].

ARGAN, *se lève en colère, et jette tous les oreillers à Toinette.* Ah ! Coquine, tu veux m'étouffer.

Molière, *Le Malade imaginaire*, 1673.

1. **Serein** : légère humidité qui tombe le soir.

....

....

....

b. Quelle est la tonalité de cet extrait ?

....

....

....

....

3 **Quelle atmosphère se dégage de ce passage ? Appuyez-vous sur des éléments précis du texte.**

Il vous sera parfois demandé de nommer l'atmosphère plutôt que la tonalité. Utilisez alors l'adjectif qui convient (→ mémo).

Cette bâtisse avait un air étranger ; les carreaux illuminés par les rayons d'agonie du soir brûlaient d'une lueur intense. [...] La maison me sembla changée à donner le frisson, et les échos du lugubre coup de marteau, que je laissai retomber, dans mon saisissement, retentirent, [...] comme les vibrations d'un glas.

Auguste Villiers de l'Isle-Adam, « L'Intersigne », *Contes cruels*, 1883.

....

....

....

....

4 **Quelle est la tonalité de cet extrait ? Appuyez-vous sur des éléments précis pour répondre.**

L'indifférence : la pire des attitudes

[...] Nous vivons dans une interconnectivité comme jamais encore il n'en a existé. Mais dans ce monde, il y a des choses insupportables. Pour le voir, il faut bien regarder, chercher. Je dis aux jeunes : chercher un peu, vous allez trouver. La pire des attitudes est l'indifférence, dire « je n'y peux rien, je me débrouille ». En vous comportant ainsi, vous perdez l'une des composantes essentielles qui font l'humain. Une des composantes indispensables : la faculté d'indignation et l'engagement qui en est la conséquence.

Stéphane Hessel, *Indignez-vous !*, Indigène Éditions, 2010.

....

....

23 Mettre en relation un texte et une image

Je comprends et j'applique la méthode

Quels liens pouvez-vous établir entre le photogramme proposé et le texte ? Appuyez-vous notamment sur les effets de lumière dans ce photogramme et dans le texte.

- Observez l'image et identifiez son sujet.
- Analysez l'image : décrivez les éléments de sa composition et les effets de lumière.
- Identifiez le sujet du texte et les expressions qui évoquent les effets de lumière.
- Listez les éléments du texte qui sont communs avec le photogramme.

Des éléments descriptifs de l'image et des citations précises du texte sont attendus.

- Faites la synthèse au brouillon des éléments les plus significatifs, communs au texte et à l'image.
- Sélectionnez un exemple précis de l'image et du texte pour chaque élément.
- Organisez votre paragraphe en justifiant avec des détails du texte et de l'image.

Le baron de Sigognac vient de dîner en compagnie de son domestique Pierre, de son chat Béelzébuth et de son chien Miraut.

Le Baron fit signe à Pierre qu'il voulait se retirer. Pierre, se baissant au foyer, alluma un éclat de bois de pin enduit de résine, sorte de chandelle économique qu'emploient les pauvres paysans, et se mit à précéder le jeune seigneur ; Miraut et Béelzébuth se joignirent au cortège : la lueur fumeuse de la torche faisait vaciller sur les murailles de l'escalier les fresques pâlies et donnait une apparence de vie aux portraits enfumés de la salle à manger dont les yeux noirs et fixes semblaient lancer un regard de pitié douloureuse sur leur descendant.

Photogramme du film *La Belle et la Bête*, réalisé par Jean Cocteau, 1946.

Arrivé à la chambre à coucher fantastique [...], le vieux serviteur alluma une petite lampe de cuivre à un bec dont la mèche se repliait dans l'huile comme un ténia dans l'esprit-de-vin à la montre d'un apothicaire, et se retira suivi de Miraut. Béelzébuth, qui jouissait de ses grandes entrées, s'installa sur un des fauteuils. Le Baron s'affaissa sur l'autre, accablé par la solitude, le désœuvrement et l'ennui.

Théophile Gautier, *Le Capitaine Fracasse*, 1863. DNB 2021, France métropolitaine.

Analyse au brouillon de l'image : Sujet représenté : scène nocturne : un personnage en costume, seul, debout dans une pièce éclairée par un chandelier. Composition et effets de lumière : au 1er plan : une table où est posée de la vaisselle et un chandelier dont toutes les bougies brûlent et éclairent la scène. Dans l'axe de ce chandelier, et en diagonale : une enfilade de candélabres jusqu'au dernier plan. La scène est éclairée par la lueur des bougies du chandelier, créant un effet de clair-obscur. Les candélabres sont portés par des bras humains animés.

Analyse au brouillon du texte : Thème de la scène : scène nocturne : on suit le baron de Sigognac depuis la salle à manger jusqu'à sa chambre. Effets de lumière : trois sources lumineuses (cheminée, torche, lampe) qui apportent une atmosphère particulière, faite d'une alternance d'ombre et de lumière. Cet éclairage donne l'impression que les portraits s'animent. À la fin du texte, le baron est seul dans sa chambre, uniquement éclairée par une lampe à huile.

Éléments communs : Des jeux d'éclairage similaires entre le texte et l'image : les scènes sont partiellement éclairées par la lueur de la flamme de la bougie. Le personnage de l'image et le baron de Sigognac, à la fin du texte, sont seuls. L'éclairage vacillant des flammes donne une impression étrange aux deux scènes, dans lesquelles les objets semblent s'animer.

Je m'exerce

1 a. **Que représente ce tableau ?**

Caspar David Friedrich, *Le Rêveur ou les Ruines d'Oybin en Allemagne*, 1835-1840, huile sur toile, 27 x 21 cm, musée de l'Ermitage, Saint-Pétersbourg.

MÉMO

Exprimer ses impressions face à une image

Employez le champ lexical des sensations visuelles (couleurs, luminosité, formes).
Employez le champ lexical des émotions (joie, gaieté, peur, tristesse, etc.).

Analyser l'image

Observez la source de l'œuvre (auteur(e), titre, date, technique).
Exploitez le lexique de l'analyse d'image (construction/plans, lignes de force, cadrage, angles de vue, répartition de la lumière, contrastes, etc.).

Faire des liens entre un texte et une image

Confrontez les points communs ou les différences (thème, tonalité, émotions et sensations, technique, message).

b. **Quelles sont les couleurs dominantes ? Quelle impression générale donnent-elles à l'image ?**

c. **Quels éléments de la construction de l'image viennent renforcer cette impression ?**

d. **Quelles sont les émotions et les sensations que l'artiste veut nous faire ressentir ?**

Observez attentivement l'image et notez au brouillon les premiers mots qui vous viennent à l'esprit..

2 **Quels sont les éléments qui rapprochent l'image de la page 57 et le texte ci-dessous ?**

Pour mettre en lien l'image et le texte, il faut analyser le texte et lister les éléments communs à l'image.

Rêves d'Automne

Salut ! bois couronnés d'un reste de verdure !
Feuillages jaunissants sur les gazons épars !
Salut, derniers beaux jours ! le deuil de la nature
Convient à la douleur et plaît à mes regards !

Je suis d'un pas rêveur le sentier solitaire,
J'aime à revoir encore, pour la dernière fois,
Ce soleil pâlissant, dont la faible lumière
Perce à peine à mes pieds l'obscurité des bois !

Alphonse Lamartine, « Rêves d'Automne », *Méditations poétiques*, 1920.

....

....

....

....

....

....

3 **a. Quelle est la raison de vivre des personnages dans ce texte ?**

Ce roman raconte la vie d'un jeune couple qui vit à Paris.

Ils se promenaient souvent le soir, humaient le vent, léchaient les vitrines. [...] De station en station, antiquaires, librairies, marchands de disques, cartes des restaurants, agences de voyage, chemisiers, tailleurs, fromagers, chausseurs, confiseurs, charcuteries de luxe, papetiers, leurs itinéraires, composaient leur véritable univers : là reposaient leurs ambitions, leurs espoirs. Là était la vraie vie, la vie qu'ils voulaient connaître, qu'ils voulaient mener [...].

Georges Perec, *Les Choses*, Julliard, 1965.

....

....

....

b. En quoi le message véhiculé par l'image est-il différent des aspirations de ces personnages ?

La comparaison du texte et de l'image peut consister à mettre en valeur ce qui les différencie.

....

....

....

....

....

....

....

Banksy, *Chute de la consommation*, 2011, pochoir réalisé près des rues commerçantes d'Oxford Street et de Regent Street, à Londres.

Je m'entraîne au Brevet

4 Comment le texte et l'image sont-ils chacun à leur manière une dénonciation de la pollution ?

Préparez au brouillon un tableau à deux colonnes (texte/image) dans lequel vous listerez les éléments propres à chaque document pour faciliter la comparaison.

Il y avait longtemps qu'ils préparaient leur coup et, un matin, ils passèrent à l'action. Tous en même temps.

Sortant de leur monde souterrain des égouts, les rats montèrent à l'assaut de la civilisation, en une seule gigantesque armée qui déferla dans les coulisses de la capitale. Les rats savaient où se diriger et ils le prouvèrent en commençant par saboter les centrales électriques pour couper le courant, vital pour l'homme, inutile pour eux. Ensuite ils envahirent tous les centres nerveux et commerciaux de l'alimentation, se livrant à un pillage impossible à réprimer. Ils n'étaient pas invincibles, mais ils avaient le nombre pour eux. Un rat mort était instantanément remplacé par dix autres rats agressivement en vie.

La panique des citadins tourna très vite à l'hystérie, avivée par l'épouvante et la répulsion.

Cela se passait par une journée caniculaire de juin qui faisait de toute la ville un gigantesque brasier de puanteur toxique, [...] de pollution qui bouffait chaque centimètre cube d'air stagnant.

Le soir même, contre toute attente, on vit les rats regagner leurs égouts, titubants, à moitié asphyxiés, intoxiqués. Ils ne revinrent jamais à la surface du sol.

Il fallait être un humain pour supporter, à l'air libre, de pareilles conditions de vie.

Jacques Sternberg, « Les Rats », *188 contes à régler*, © Éditions Denoël, 1988.

Eugen Bracht,
À Hoerde, 1907,
huile sur toile,
112 × 122 cm.

24 Réussir la réécriture

Je comprends et j'applique la méthode

Réécrivez l'extrait suivant en remplaçant « Étienne » par le pronom « je » qui désigne une narratrice. Effectuez toutes les modifications nécessaires.

- Quel type de changement est demandé ? Il faut repérer les termes qui désignent « Étienne » et les remplacer par la 1re personne du féminin.
- Quels sont les autres mots qui s'accordent à la 3e personne, avec Étienne ? Soulignez-les dans le texte. Il faut repérer : les verbes concernés par le changement de personne ; l'adjectif (qualificatif) ; le déterminant possessif.

Étienne avait soufflé la chandelle, dont il ne restait qu'un petit bout. Lui aussi était courbaturé, mais il n'avait pas sommeil, des pensées douloureuses de cauchemar tapaient comme des marteaux dans son crâne.

Émile Zola, *Germinal*, 1885.

Réponse attendue : J'avais soufflé la chandelle, dont il ne restait qu'un petit bout. Moi aussi j'étais courbaturée, mais je n'avais pas sommeil, des pensées douloureuses de cauchemar tapaient comme des marteaux dans mon crâne.

Je m'exerce

1 Réécrivez les phrases suivantes en remplaçant le mot souligné par celui entre parenthèses.

1. (*logiciels*) : Performant, ce nouveau logiciel élaboré par un expert facilite le travail et permet de gagner du temps.

....

....

> **MÉMO**
> **Les accords sujet-verbe**
> Attention **aux sujets éloignés du verbe**, ou séparés par un mot.
> *Ex. : L'enfant, en détresse, errant sans but dans ce paysage de désolation, cherchait désespérément un abri.*

2. (*marchandise*) : Les marchandises qui abondaient sur les étals suscitaient l'envie des consommateurs qui les convoitaient. ....

....

3. (*soldats*) : Le soldat obnubilé par le combat était angoissé et il l'avait avoué à ses compagnons de tranchées.

....

2 Réécrivez ce passage en remplaçant « le soldat » par « les soldats », effectuez toutes les modifications nécessaires.

Relisez le nouveau texte, vérifiez que tous les changements ont été effectués. Contrôlez l'absence de faute de copie.

Avant chaque combat, le soldat préparait méticuleusement ses munitions. Il nettoyait son fusil, vérifiait l'état de son casque. Ainsi, ces actions lui permettaient de se conditionner avant l'assaut décisif.

....

....

....

....

> **MÉMO**
> **leur / leurs**
> **Quand *leur* est pronom**, on peut le remplacer par *lui*, il est invariable.
> *Ex. : Le juge leur annonce le verdict.*
> **Quand *leur* est déterminant possessif**, il s'accorde au singulier ou au pluriel avec le nom auquel il se rapporte.
> *Ex. : Les élèves sortent leur calculatrice et leurs stylos. (Soit une calculatrice et plusieurs stylos par élève.)*

3 Réécrivez chaque phrase au temps composé indiqué.

1. Les soldats engageaient (*plus-que-parfait*) une lutte féroce contre l'ennemi qui ne les épargnait (*plus-que-parfait*) pas, néanmoins ils ne manquaient (*plus-que-parfait*) pas de courage.

....

....

....

....

2. En 1891, Marie Curie arrive (*passé composé*) en France. Elle débute (*passé composé*) en 1897 des recherches sur la radioactivité qu'Henri Becquerel a découverte (*plus-que-parfait*) en 1896.

....

....

> **MÉMO**
>
> **L'accord du participe passé**
>
> **Le participe passé** employé avec l'auxiliaire **être** s'accorde avec le **sujet**.
> *Ex : Ces innovations technologiques sont validées par les experts.*
>
> Le **participe passé** employé avec l'auxiliaire **avoir** ne s'accorde jamais avec le sujet. Il s'accorde avec le **COD** seulement s'il est placé avant lui.
> *Ex : Cet architecte avait commencé à échafauder des plans, mais il ne les avait jamais achevés.*

4 Réécrivez le texte suivant en commençant par « Lorsqu'ils... ». Effectuez toutes les modifications nécessaires.

> Lorsque j'étais étudiant, mes camarades se moquaient de moi parce que je ne savais pas dissimuler. Je disais ce que je pensais. Finalement, on m'a renvoyé de l'Université.
>
> Albert Camus, *Les Justes*, © Gallimard, 1949.

....

....

....

5 Réécrivez les phrases suivantes au discours indirect.

1. Ma mère déclara : « Tu dois t'inscrire au lycée demain, puis tu devras te procurer la liste des fournitures. »

....

....

....

2. Le juge annonça à l'accusé : « Le tribunal vous a déclaré coupable des faits qui ont été jugés, et vous serez puni selon la loi. »

....

....

....

3. Le metteur en scène demanda au comédien : « Connais-tu bien ton texte ? As-tu bien compris le caractère de ton personnage ? »

....

....

> **MÉMO**
>
> **Transposer le discours direct au discours indirect**
>
> Il faut introduire **le discours indirect** à l'aide d'un **mot subordonnant** (que, si, où, ce que...).
>
> Attention à repérer les **pronoms**, les **déterminants**, les **temps**, les **indicateurs de temps et de lieu** et la **ponctuation** à modifier.
>
> Il faut veiller à la **concordance des temps** en fonction du verbe principal (présent ou passé).
> *Ex : Paul demanda à Leila : « Reviendras-tu demain avec moi te promener ici ? » (discours direct)*
> *Paul demanda à Leila si elle reviendrait se promener là le lendemain avec lui. (discours indirect)*

4. Le bibliothécaire demanda à Anna : « Qu'avez-vous pensé de ce livre que vous avez emprunté ? Le conseilleriez-vous à d'autres lecteurs ? »

....

....

Je m'entraîne au Brevet

6 **Réécrivez ces quatre phrases en remplaçant « Nina » par « les filles » et « grand-mère » par « grands-parents ». Vous ferez toutes les modifications nécessaires.**

– [...] Travaille Nina. Étudie le plus longtemps possible et gagne ta vie. Ne dépends jamais d'un homme ! Écoute ce que te dit ta grand-mère.

Alice Ferney, *Cherchez la femme*, Actes Sud, 2013.

7 **Réécrivez l'extrait suivant au présent de l'indicatif.**

Leur barque se faufilait entre les rochers. De temps en temps retentissait une sourde explosion. Ils pêchaient à la dynamite. Je courais sur la terrasse pour ne rien perdre de leur manège.

Blaise Cendrars, *L'Homme foudroyé*, © 1945, 1960, 2002, Éditions Denoël. Extrait tiré du vol. 5 de *Tout autour d'aujourd'hui*, nouvelle édition des œuvres complètes de Blaise Cendrars dirigée par Claude Leroy.

8 **Réécrivez ce texte en remplaçant « je » par « il ». Effectuez toutes les modifications nécessaires.**

Il faisait grand jour quand je me suis réveillée, la tête lourde, avec un goût épouvantable dans la bouche. Je me suis longuement douchée et je suis descendue, les jambes molles. Ma mère était à la cuisine et se préparait du thé. Elle n'a fait aucun commentaire sur ma crise de la veille. Je m'y attendais un peu.

Jean Molla, *Sobibor*, © Gallimard Jeunesse, 2003.

9 **Réécrivez l'extrait suivant en remplaçant « je » par « elle » et en conjuguant les verbes au passé simple.**

Relisez en deux temps : vérifiez le changement de personne, puis contrôlez le changement de temps et l'accord des verbes.

Brusquement, je suis tombé sur le trottoir. Parti d'un coup, à la renverse, comme frappé par une balle perdue. J'ai heurté le sol de mon dos, ma tête, mes yeux, mes mains. Je suis resté couché, bouche ouverte et les yeux blancs, tressaillant un instant avant d'être gisant.

Sorj Chalandon, *Le Quatrième Mur*, Grasset, 2013.

10 **Réécrivez l'extrait suivant en remplaçant « il » par « je » et en conjuguant les verbes à l'imparfait.**

Il mémorise d'emblée, et fermement, chaque mot nouveau qu'il lit ou entend ; il en va de même avec tout le visuel. Mais cet excès de mémoire, s'il lui est un atout pour ses études, lui est aussi un poids. Sa mémoire travaille sans répit, enregistre le moindre détail, ne lâche rien.

Sylvie Germain, *Magnus*, Albin Michel, 2005.

....

....

....

11 **Réécrivez ce texte en remplaçant « Nicolas » par « Je ». Effectuez toutes les modifications nécessaires.**

Nicolas hésita, n'osant dire à Patrick qu'en fait il y avait un problème avec ce coffre-fort. Son père le lui avait offert accompagné d'une enveloppe fermée contenant la feuille sur laquelle était imprimée la formule. Il lui avait conseillé de la détruire après l'avoir apprise, et Nicolas avait obéi.

Emmanuel Carrère, *La Classe de neige*, Éditions P.O.L., 1995.

....

....

....

12 **Réécrivez le passage suivant au discours indirect en commençant par : « Kouame annonça ».**

Pensez à modifier les indices de la situation d'énonciation.

Je n'ai jamais pensé épouser Samilia aujourd'hui, en ce jour de deuil. Il n'est pas d'offense à attendre. Je serai patient. [...] lorsqu'enfin vous aurez célébré les funérailles, je scellerai avec vous l'union de nos deux familles et de nos deux empires.

Laurent Gaudé, *La Mort du roi Tsongor*, Actes Sud, 2002.

....

....

....

13 **Réécrivez ce texte en remplaçant la première personne du singulier par la première personne du pluriel « nous ». Effectuez toutes les modifications nécessaires.**

Sitôt le départ donné, Nicolas réalisa un début de course magistral. Il jaillit du ponton de départ, me surprit et eut bientôt une longueur d'avance. Il partit comme un fou et je pouvais déjà apprécier sa détermination. J'essayai de le rattraper par quelques accélérations, mais dès que je me rapprochais, j'entendais le rythme de ses avirons qui accélérait.

Benoît Decock, *Fausses pelles*, Éditions Salto, 2016.

....

....

....

....

25 Se préparer à la dictée

Je comprends et j'applique la méthode

Lors des lectures faites par le professeur :

- Repérez de qui ou de quoi il est question dans le texte.
- Identifiez les temps verbaux dominants, les liaisons que l'on peut entendre.
- Faites une croix sous les mots qui posent problème (comme les homophones grammaticaux) pour y revenir lors de votre relecture.
- Vérifiez que vous n'avez oublié aucun mot, signe de ponctuation ou accent.

Lors de votre relecture :

- Vérifiez les accords et les terminaisons :
  - soulignez les sujets, encadrez les verbes ;
  - les déterminants, noms et adjectifs sont-ils bien accordés ?
  - les participes passés sont-ils employés avec l'auxiliaire *être* ou *avoir* ? Faut-il les accorder ?
  - les terminaisons des participes passés (-é.e.s) et de l'infinitif (-er) sont-elles correctes ?

> Dans les romans d'aventures ce sont les garçons qui font le tour du monde, qui voyagent comme marins sur des bateaux [...] Tous les événements importants arrivent par les hommes.
>
> Simone de Beauvoir, *Le Deuxième sexe*, © Gallimard, 1949.

Éléments à identifier : Il est question de la présence systématique des hommes, dans les livres comme dans la vie, lorsqu'il s'agit de mener des actions phares. Le texte est au présent de l'indicatif. Vérifiez que vous avez correctement écrit « ce » (ce/se) ; que vous avez accordé les verbes avec leur sujet (à la 3e personne du pluriel) ; que vous avez respecté les marques du pluriel des déterminants, des noms et des adjectifs.

Je m'exerce

1 Entourez la proposition correcte.

1. Il ***(est – et)*** allé au marché ***(et – est)*** y ***(a – à)*** rencontré un ami.

2. Ce dernier lui ***(a – à)*** proposé une sortie puis ***(et – est)*** reparti.

3. Il ***(a – à)*** achevé ses courses puis ***(est – et)*** rentré préparer un festin.

2 Complétez les phrases avec les mots : *ou, où.*

1. Nous avons une décision à prendre : irons-nous en vacances à la ville .... à la campagne .... nous pourrions profiter du calme ?

2. Préférez-vous un cadre urbain .... un endroit boisé ?

3. J'avais pensé à un lieu paisible .... il ferait bon vivre situé non loin d'une grande ville .... nous ferions des escapades.

MÉMO

a / à

a : verbe **avoir** conjugué au présent, il peut être remplacé par **avait**.
à : préposition.

est / et

est : verbe **être** conjugué au présent, il peut être remplacé par **était**.
et : conjonction de coordination, elle peut être remplacée par **et puis**.

ou / où

ou : conjonction de coordination, elle introduit un choix et peut être remplacée par **ou bien**.
où : pronom ou adverbe, il indique un lieu ou un moment.

3 Complétez le texte avec les mots : *est, et, où.*

> Brusquement la ville s'ouvrait sur une perspective, ... Bérénice sortait de cet univers qui l'effrayait .... l'attirait [...]. Que c'........... beau, Paris ! Là même .... les voies sont droites, et pures, que de tournants...
>
> Louis Aragon, *Aurélien*, © Gallimard, 1944.

4 Complétez les phrases avec les mots : *ce, se, c'est, ses.*

1. .... étrange, il n'a pas fait .... devoirs.

2. .... voyage est l'un de mes plus beaux souvenirs.

3. Il n'est pas venu, ... inquiétant !

4. Elles .... racontent des histoires drôles.

MÉMO

se / ce

se : pronom personnel réfléchi à la 3e personne, il est généralement suivi d'un verbe.
Ex : *Il se regarde dans le miroir.*

ce : déterminant démonstratif souvent suivi d'un nom (on peut le remplacer par **le**).
Ex : *J'ai toujours aimé ce village.*

c'est / ces / ses

c'est : verbe **être** au présent précédé du pronom démonstratif **ce** élidé. On peut le remplacer par **cela est**.

ces : déterminant démonstratif au pluriel, donc toujours suivi d'un nom au pluriel. On peut faire suivre le nom de l'expression **que voici**.

ses : déterminant possessif au pluriel.
Ex : *Elle a toujours protégé ses amis.*
(On écrit *ses amis*, parce que ce sont les siens.)

5 Justifiez l'orthographe des mots soulignés dans le texte ci-dessous.

> Ryad tire sur ses manches pour couvrir ses mains gelées. Il ne se souvenait pas d'une ville si froide. Il repense au vieil homme devant la librairie. D'où vient-il ? Pourquoi ce drap blanc sur ses épaules qui semble si lourd ? Et pourquoi ses yeux noirs, comme deux agates, le fixaient-ils ?
>
> Kaouther Adimi, *Nos richesses*, Seuil, 2017.

....

....

....

....

....

6 Reliez les phrases avec *tout, tous* ou *toute* puis complétez-les.

1. .... problème a une solution. •

2. Tu as .... mon soutien. •

3. Fais .... ce que tu peux pour réussir. •

4. .... tes projets sont fantastiques. •

5. Elle m'a semblé .... étonnée. •

6. .... ont compris l'intérêt d'un tel film. •

7. Elle est .... belle ! •

• tout
• tous
• toute

7 Lisez la phrase et cochez l'orthographe correcte du mot manquant.

« Un Parisien réduit sa ville à quelques quartiers, il ignore .... ce qui est au-delà qui cesse d'être Paris pour lui. » (Louis Aragon)

☐ tous ☐ tout

MÉMO

tout / tous

Quand **tout** ou **tous** est suivi d'un nom, c'est un **déterminant indéfini**, il s'accorde en genre (masculin ou féminin) et en nombre (singulier ou pluriel) avec le nom qu'il accompagne.
Ex : *Tout le jour (accord au masculin singulier). Tous les jours (accord au masculin pluriel).*

Quand **tout** ou **tous** remplace un groupe pluriel neutre ou masculin, c'est un **pronom** ; **tous** peut être remplacé par **chacun**.
Ex : *Ils ont tous un cadeau. Tout est à toi.*

Quand **tout** est suivi d'un adjectif ou d'un adverbe, c'est un **adverbe invariable**, il peut être remplacé par **entièrement** ou **complètement**.
Ex : *Il est tout blanc. Elles sont tout ébahies.*

Attention, **au féminin**, devant un adjectif **commençant par une consonne**, on fait l'accord. Ex : *Elle est toute pâle.*

8 Complétez les phrases avec les mots : *quand, quant, qu'en.*

1. Vous m'avez laissé du temps pour réfléchir ; je me manifesterai .... j'aurai pris ma décision.

2. .... à toi, évite de m'interrompre !

3. Chacun a donné son avis sauf toi : alors .... penses-tu ?

9 Justifiez l'orthographe des mots soulignés dans les textes ci-dessous.

> Tout fut réglé. Il n'y avait point à s'occuper de Jean. Quant à Pépé, il serait à merveille chez madame Gras, une vieille dame qui habitait un grand rez-de-chaussée, rue des Orties, où elle prenait en pension complète des enfants jeunes, moyennant quarante francs par mois.
>
> Émile Zola, *Au Bonheur des Dames*, 1883.

....

> Je me promène avec mon père… ou plutôt il me promène, comme il le fait chaque jour quand il vient à Paris.
>
> Nathalie Sarraute, *Enfance*, © Gallimard, 1983.

....

10 Expliquez l'orthographe des mots soulignés.

1. Il partit sans espoir mais revint soulagé.

....

2. Il s'en doutait, la décision avait été prise sans lui.

....

3. Il est arrivé sans prévenir.

....

4. Je me suis fait prendre ; c'en est fini de ma crédibilité !

....

11 Soulignez les sujets et conjuguez les verbes entre parenthèses.

Lorsque le sujet du verbe comporte un pronom indéfini (chacun, personne, quelqu'un, aucun…) ou la locution « tout le monde », le verbe s'accorde à la 3e personne du singulier.

1. « En bas, dans un de ces parages sombres, ... (*être, présent*) ma rue du Dragon. » (Jean Giono, *Les Vraies Richesses*, Grasset, 1936)

2. « Personne ne .... (*dire, imparfait*) rien.
Le maréchal et son ouvrier, l'un soufflant la forge, l'autre battant le fer, ... (*jeter, imparfait*) sur le mur de grandes ombres brusques… »
(Alain-Fournier, *Le Grand Meaulnes*, 1913)

3. « Ainsi se .... (*tenir, imparfait*), devant ces bourgeois épanouis, ce demi-siècle de servitude. »
(Gustave Flaubert, *Madame Bovary*, 1857)

MÉMO

quand / quant / qu'en

quand : conjonction de subordination que l'on peut remplacer par **lorsque**.

quant : suivi de la préposition **à**, signifie **pour ce qui est de**.

qu'en : pronom relatif **que** + **en**, peut être remplacé par **de cela** dans certains cas. *Ex : Qu'en penses-tu ? (Que penses-tu de cela ?)*

sans / s'en / c'en

sans : préposition dont l'antonyme est **avec**. Elle peut être suivie d'un nom, d'un pronom ou d'un infinitif. *Ex : sans inquiétude.*

s'en : pronom personnel réfléchi **se** + **en** ; on peut le remplacer par **t'en**. *Ex : Il s'en est voulu. (Tu t'en es voulu.)*

c'en : pronom démonstratif neutre **cela** + **en**. *Ex : C'en est trop, j'abandonne !*

MÉMO

Les accords des verbes

→ 24. Réussir la réécriture, p. 60

Vérifiez toujours l'accord sujet-verbe, repérez **les sujets éloignés** ou **inversés**.

Ex : Ils devraient pratiquer une activité sportive ; ainsi seraient-ils plus détendus.

12 **Conjuguez les verbes des phrases suivantes au temps demandé.**

1. Il .... (*se passer, plus-que-parfait de l'indicatif*) quelque chose d'important.

2. Chacun .... (*devoir, présent de l'indicatif*) respecter la loi.

3. Rien ni personne ne .... (*pouvoir, futur de l'indicatif*) m'empêcher de faire ce qu'il .... (*convenir, présent de l'indicatif*) de faire.

13 **Soulignez les verbes conjugués du texte et expliquez leur accord.**

> Les habitants de Paris sont d'une curiosité qui va jusqu'à l'extravagance. [...] Si je sortais, tout le monde se mettait aux fenêtres ; si j'étais aux Tuileries, je voyais aussitôt un cercle se former autour de moi ; les femmes mêmes faisaient un arc-en-ciel, nuancé de mille couleurs.
>
> Montesquieu, *Lettres persanes*, 1721.

....

....

....

....

....

....

....

14 **Complétez avec la terminaison correcte.**

1. Quand vous arriver........, sonn........!

2. Si vous préfér........, je viendrai vous cherch..........

3. La maison est situ........ à l'entrée du village.

Mes parents l'ont habit........ avant nous.

MÉMO

Les terminaisons en -er, -é.e.s, -ez

Quand un verbe se termine par -er, il s'agit de **l'infinitif**. On peut le remplacer par un verbe dont l'infinitif se termine par **-ir** ou **-re**.

Quand un verbe se termine par -ez, il est conjugué à la **deuxième personne du pluriel**.

Ex : Vous écrivez. Dépêchez-vous ! Vous viendrez d'ici peu.

Quand un participe se termine par -é, c'est **le participe passé** des verbes en **-er**, au masculin singulier. Il peut aussi être accordé au pluriel **-és**, au féminin **-ée**, ou au féminin pluriel **-ées**.

(➜ voir mémo p. 61)

15 **Justifiez les terminaisons soulignées dans le texte ci-dessous.**

> La chaleur montait et je voyais dans la salle les assistants s'éventer avec des journaux. Cela faisait un petit bruit continu de papier froissé. Le président a fait un signe et l'huissier a apporté trois éventails de paille tressée que les trois juges ont utilisés immédiatement. Mon interrogatoire a commencé aussitôt. Le président m'a questionné avec calme et même, m'a-t-il semblé, avec une nuance de cordialité. On m'a encore fait décliner mon identité et malgré mon agacement, j'ai pensé qu'au fond c'était assez naturel, parce qu'il serait trop grave de juger un homme pour un autre.
>
> Albert Camus, *L'Étranger*, © Gallimard, 1957.

....

....

....

....

....

Dictées aménagées et dictées lues des exercices 16 et 17.
flashbelin.fr/brevet_fr-68

Je m'entraîne au Brevet

16 **a. Lisez le texte ci-dessous, puis encadrez les verbes conjugués et soulignez les sujets. Justifiez la conjugaison des verbes au pluriel.**

Le mot « même » est invariable lorsqu'il est employé comme un adverbe. Employé comme un adjectif indéfini, il est variable : il s'accorde avec le nom auquel il est associé ou avec le pronom personnel quand il est placé après lui.
Ex : Il fait toujours les mêmes erreurs même s'il est attentif.

Il arriva, décidé, en plein milieu d'après-midi. Il reconnut sans difficulté ce lieu qu'il avait déserté pendant ces vingt dernières années. Les mêmes bicoques se tenaient là sous ses yeux et la même misère semblait régner en maître. À peine l'avaient-ils aperçu, que ses vieux amis se précipitèrent dans sa direction. Il s'en étonna.

....

....

....

....

....

b. Expliquez les accords dans le groupe nominal « ces vingt dernières années ».

....

....

....

....

....

c. Écrivez le texte sous la dictée d'une autre personne.

17 **a. Justifiez l'orthographe des mots en gras.**

Attention aux règles d'accord du participe passé.

Tout le monde semblait apaisé ; chacun avait eu très peur de ne pas avoir réussi l'examen ; il **s'en** était fallu de peu pour Louis ; **sans** les points qu'il avait gagnés grâce aux options, il échouait. Tous décidèrent de fêter cette victoire dignement, mais quand **et où** ? Il fut décidé qu'un grand dîner serait donné chez l'un d'eux, le soir **même**. **Quant** aux préparatifs, chacun y contribuerait avec plaisir. C'est de manière collective qu'allait être organisée une superbe fête !

....

....

....

....

....

....

....

....

....

....

....

b. Écrivez le texte sous la dictée d'une autre personne.

Dictées aménagées et dictées lues des exercices 18 à 21.
flashbelin.fr/brevet_fr-69

18 **a. Lisez ce texte, encadrez les verbes conjugués et soulignez les sujets.**

Esther Devaux avait été infirmière pendant dix ans avant de devenir bibliothécaire. [...] Elle n'était pas venue vers les Gitans par pitié. Elle était venue avec un projet. On aurait dit que c'était elle qui avait besoin d'eux. Angéline l'avait deviné. Sacrée fille ! avait-elle pensé, tu n'as pas peur de venir me parler.

Alice Ferney, *Grâce et dénuement*, Actes Sud, 1997.

b. Expliquez l'accord du mot « venue ».

....

....

c. Écrivez le texte sous la dictée d'une autre personne.

19 **a. Lisez le texte. Justifiez l'orthographe des mots en gras.**

L'enfant arriva sur le bras de sa bonne, dans sa longue chemise de nuit, d'où **sortaient** ses pieds **nus** [...]. Elle considérait avec étonnement la chambre tout en désordre, et clignait des yeux, **éblouie** par les flambeaux qui **brûlaient** sur les meubles. Ils lui rappelaient sans doute les matins du jour de l'an ou de la mi-carême, quand, ainsi **réveillée** de bonne heure à la clarté des bougies, elle venait dans le lit de sa mère pour y recevoir **ses** étrennes [...].

Gustave Flaubert, *Madame Bovary*, 1857.

....

....

....

....

....

b. Écrivez le texte sous la dictée d'une autre personne.

20 **Lisez attentivement le texte. Apprenez-le par cœur puis écrivez-le de mémoire.**

On s'est réveillé le premier. Avec une prudence de guetteur indien on s'est habillé, faufilé de pièce en pièce. On a ouvert et refermé la porte de l'entrée avec une méticulosité d'horloger. Voilà. On est dehors, dans le bleu du matin ourlé de rose [...].

Philippe Delerm, « Le croissant du trottoir », *La Première Gorgée de bière et autres plaisirs minuscules*, © Gallimard, 1997.

21 **Lisez attentivement le texte puis écrivez-le sous la dictée d'une autre personne.**

C'est une balade à faire avec de vieux amis, à la fin de l'été. C'est presque la rentrée, dans quelques jours tout va recommencer ; alors c'est bon, cette dernière flânerie qui sent déjà septembre. On n'a pas eu besoin de s'inviter, de déjeuner ensemble. Juste un coup de téléphone, au début du dimanche après-midi. [...] Chacun s'est muni d'une boîte en plastique où les baies ne s'écraseront pas. On commence à cueillir sans trop de frénésie, sans trop de discipline. Deux ou trois pots de confiture suffiront, aussitôt dégustés aux petits déjeuners d'automne.

Philippe Delerm, « Aller aux mûres », *La Première Gorgée de bière et autres plaisirs minuscules*, © Gallimard, 1997.

26 Poursuivre un récit

Je comprends et j'applique la méthode

Imaginez une intervention d'un personnage permettant au narrateur de sortir de sa situation. Vous rédigerez la suite du récit.

- Pour écrire la suite d'un récit, identifiez : les éléments précis du récit initial (l'époque, le lieu et la situation des personnages) ; le cadre narratif du récit initial (le type de narrateur, le point de vue, le choix des temps) ; l'objectif de la suite du texte.

Votre texte devra mêler narration, description et dialogue.

- Vous devez repérer les consignes du sujet : les caractéristiques du récit que vous devez écrire.

Maurice Genevoix raconte à la première personne son expérience de soldat lors de la Première Guerre mondiale. Dans cet extrait, il dépeint sa solitude dans la tranchée, à la nuit tombée, dans la boue.

Il faut que je me lève, que je marche, que je parle à quelqu'un…

Maurice Genevoix, « La Boue », *Ceux de 14*, Flammarion, 1949.

Préparer sa rédaction : Pour conserver les éléments du récit initial, l'écrit doit prendre place lors de la Grande Guerre. Il faut adapter le lexique, respecter le cadre chronologique et les conditions de vie des soldats (la souffrance et la solitude). Pour respecter le cadre narratif, il faut choisir un narrateur-personnage (« je »), un point de vue interne, écrire le récit au présent (« il faut que… ») et situer le récit à la tombée de la nuit.
Pour suivre les consignes, vous devez développer la narration : racontez la rencontre avec un autre soldat dans la tranchée. Il faut également imaginer une description des soldats et de leur environnement. Enfin, vous devez créer un dialogue entre les personnages : il peut porter sur leur situation, leurs activités et/ou leurs souvenirs.
Pour répondre à l'objectif, terminez votre récit par l'apaisement du narrateur : la rencontre doit lui changer les idées.

Je m'exerce

1 a. Soulignez en bleu les éléments précis du récit initial se rapportant au personnage et au cadre spatio-temporel.

Il était le premier extraterrestre à avoir posé le pied sur le sol de la Terre. Il venait de la planète Gryge, donc de plus loin que nous ne pouvions l'imaginer.

Le Grygien fut débarqué de nuit, loin d'une ville, dans le plus grand secret et le plus total silence. En France, selon un plan où tout avait été prévu.

Sa mission était celle d'un observateur qui ne devait en aucun cas se singulariser. Il avait été entraîné pendant des années pour passer inaperçu et surtout ne jamais se blesser en public, car son sang incolore aurait fait une bien curieuse impression. Il parlait le français, il était indiscutablement humain et il possédait même une fausse carte d'identité assez bien imitée au nom peu compromettant de Marcel Robert.

Il se retrouva logé dans un petit hôtel sur la Côte d'Azur et c'est là qu'il comprit qu'en 1944 il était tombé en pleine guerre.

Jacques Sternberg, « L'Arrestation », *188 contes à régler*, © Éditions Denoël, 1988.

MÉMO
Analyser le sujet d'une suite de texte

Identifiez les éléments du récit initial : les personnages ; la situation des personnages ; la relation entre les personnages ; l'époque et lieu.

Repérez les consignes du sujet : l'objectif et les caractéristiques du sujet à écrire.

Définissez le cadre narratif du texte : le type de narrateur ; le point de vue ; le système des temps (passé ou présent) ; la narration ; la description ; le dialogue.

Cherchez la cohérence du récit : l'adéquation des situations, du cadre spatio-temporel, du lexique.

b. **Remplissez le tableau suivant pour définir le cadre narratif de votre suite de texte.**

Prenez le temps de faire la liste méthodique de toutes les informations que vous apportent le texte initial et le sujet pour éviter le hors-sujet et rester cohérent(e).

Cadre spatio-temporel	Type de narrateur	Point de vue	Système des temps
....	....	....	....
....	....	....	....
....	....	....	....

c. **Quels éléments du texte peuvent être des pistes intéressantes pour développer le récit ?**

....

....

d. **En quoi ce texte peut-il permettre un traitement humoristique de la suite du récit ?**

Listez vos idées au brouillon afin de structurer votre récit.

....

....

....

....

Je m'entraîne au Brevet

2 **En reprenant la démarche expliquée, vous imaginerez sur une feuille libre la suite du récit ci-dessous, dans laquelle vous raconterez la découverte de la ville où débarque Monsieur Linh.**

M. Linh quitte son pays ravagé par la guerre. Il voyage en bateau avant d'arriver dans une ville froide et grise.

C'est un vieil homme debout à l'arrière d'un bateau. Il serre dans ses bras une valise légère et un nouveau-né, plus léger encore que la valise. Le vieil homme se nomme Monsieur Linh. Il est seul à savoir qu'il s'appelle ainsi car tous ceux qui le savaient sont morts autour de lui.

Debout à la poupe du bateau, il voit s'éloigner son pays, celui de ses ancêtres et de ses morts, tandis que dans ses bras l'enfant dort. Le pays s'éloigne, devient infiniment petit, et Monsieur Linh le regarde disparaître à l'horizon, pendant des heures, malgré le vent qui souffle et le chahute comme une marionnette.

Le voyage dure longtemps. Des jours et des jours. Et tout ce temps, le vieil homme le passe à l'arrière du bateau, les yeux dans le sillage blanc qui finit par s'unir au ciel, à fouiller le lointain pour y chercher encore les rivages anéantis.

Quand on veut le faire entrer dans sa cabine, il se laisse guider sans rien dire, mais on le retrouve un peu plus tard, sur le pont arrière, une main tenant le bastingage[1], l'autre serrant l'enfant, la petite valise de cuir bouilli posée à ses pieds.

Une sangle entoure la valise afin qu'elle ne puisse pas s'ouvrir, comme si à l'intérieur se trouvaient des biens précieux. En vérité, elle ne contient que des vêtements usagés, une photographie que la lumière du soleil a presque entièrement effacée, et un sac de toile dans lequel le vieil homme a glissé une poignée de terre. C'est là tout ce qu'il a pu emporter. Et l'enfant bien sûr.

L'enfant est sage. C'est une fille.

Philippe Claudel, *La Petite Fille de Monsieur Linh*, Stock, 2005.

1. **Bastingage** : garde-corps, balustrade.

27

Rédiger un dialogue

Je comprends et j'applique la méthode

Nina annonce sa décision finale à Vladimir. Elle a pris en compte les remarques de sa grand-mère pour choisir ou non de se marier.
Imaginez le dialogue des deux jeunes gens et les réactions qu'il suscite.

- Pour rédiger un dialogue, vous devez identifier les éléments du récit : le cadre du récit initial (l'époque, le lieu et la situation des personnages), le type de narrateur du récit (extérieur ou personnage), la situation des personnages qui parlent ; les éléments du dialogue : le sujet, la tonalité (informatif, argumentatif, polémique...).

Votre rédaction mêlera dialogue et narration.

- Vous devez repérer les consignes du sujet : ici, écrire un dialogue entre deux personnages ; insérer le dialogue dans un récit qui comporte des éléments narratifs et descriptifs.

En 1958, Sacha déconseille à sa petite-fille Nina, lycéenne de seize ans, d'accepter une demande en mariage.
– Ton Vladimir, poursuivit la grand-mère, il a vingt-six ans et un métier. [...] Travaille Nina. Étudie le plus longtemps possible et gagne ta vie. Ne dépends jamais d'un homme !

Alice Ferney, *Cherchez la femme*, Actes Sud, 2013.

Préparer sa rédaction : Il paraît plus intéressant d'envisager une contradiction : Nina a été convaincue par sa grand-mère et expose ses arguments à Vladimir. Imaginez une réaction cohérente : soit Vladimir, étonné, répond aux arguments de Nina puis accepte de reporter le mariage ; soit il décide de rompre. Situez le dialogue dans l'histoire en commençant par un court paragraphe narratif : après la discussion avec sa grand-mère, Nina retrouve Vladimir et lui donne sa réponse. Insistez sur les réactions et les émotions des personnages.

Je m'exerce

1 a. Entourez les éléments qui peuvent vous donner des informations sur Joshua Perle, puis soulignez ses paroles.

Joshua Perle, fils adoptif d'un couple juif, est parti combattre sur le front lorsque la Seconde Guerre mondiale éclate. Il rentre à Paris, pensant retrouver ses parents, et découvre qu'ils ont été arrêtés.

Toute la famille était autour de la table. Les deux aînées regardaient Joshua comme un revenant. Le père se leva, lui serra la main.

– Où sont-ils ?

Le plâtrier n'arrivait pas à répondre. C'est sa femme qui vint derrière son épaule et parla pour lui :

– Cela fait déjà des mois. Ils les ont emmenés en août. Un mois avant, ils avaient pris les autres. Presque tous les commerçants du quartier. Et quatre familles rien que dans notre immeuble.

– Où sont-ils ? [...]

Joshua ne semblait pas croire ce qu'on lui disait.

Timothée de Fombelle, *Le Livre de Perle*, © Gallimard Jeunesse, 2014.

MÉMO
Rédiger un dialogue

Identifiez la situation d'énonciation : qui parle ? à qui ? de quoi ? dans quel but ?

Préparez les passages narratifs autour du dialogue :
– introduisez le dialogue par un passage narratif et descriptif ;
– insérez des passages narratifs et descriptifs dans le dialogue (attitudes, émotions...) ;
– terminez par un court passage narratif.

Inventez un dialogue efficace :
– choisissez des paroles qui correspondent au caractère du personnage et à sa situation ;
– trouvez des arguments intéressants.

Respectez l'insertion du discours direct :
– présentation (retours à la ligne et tirets) ;
– verbes de parole variés.

b. Observez les prises de parole de Joshua Perle. Que remarquez-vous ? Expliquez votre réponse.

....

....

c. Quels verbes de parole ou expressions pourriez-vous utiliser pour exprimer l'incompréhension, l'ahurissement du personnage principal, si vous deviez poursuivre ce dialogue ?

Utilisez des verbes de parole en rapport avec les émotions et les sentiments des personnages. Vous pouvez préciser ces émotions en les caractérisant avec des indications sur l'expressivité de la voix, les expressions du visage, les gestes qui accompagnent la parole.

....

....

d. Recopiez le passage narratif qui introduit la réponse à la question de Joshua : quel état d'esprit traduit-il ?

....

....

....

e. Observez la présentation du dialogue et la manière dont les paroles sont insérées dans le récit : quelle ponctuation du dialogue faut-il absolument respecter ?

....

Je m'entraîne au Brevet

2 Lisez le texte. Vous imaginerez sur une feuille libre un dialogue entre Anthime et ses parents, dans lequel l'adolescent essaye de les convaincre de le laisser entrer au centre de formation sportif avec Brice comme entraîneur. Votre rédaction mêlera narration et dialogue.

Anthime est un adolescent de quinze ans. Très doué en athlétisme, il est sur le point de devenir l'espoir régional de cross. Il est repéré par un entraîneur, Brice, qui tente de convaincre ses parents de le laisser entrer au centre de formation sportif.

Soucieuse de ses résultats scolaires, sa mère ne voulait pas qu'il s'oublie, que son exploit lui monte à la tête. Elle sentait son petit quitter le nid trop tôt, elle savait que l'enfant qu'on aime devient l'adulte qu'on craint, et elle voulait l'aimer encore un peu, avant que les filles, les femmes, les supporters prennent la relève et la privent de son pouvoir.

Quand l'entraîneur était venu proposer une place dans un centre de formation, elle avait pris peur. [...] Tandis que Brice s'évertuait à convaincre son époux, plutôt partant pour tenter l'aventure, elle coupa court à la conversation et proposa un compromis.

– Attendons le prochain cross, dit-elle d'une voix à la fois autoritaire et suppliante. S'il gagne, on verra. Seulement s'il gagne.

Déçu, Brice fit la moue. Le père haussa une main timide dans sa direction : il fit remarquer que personne n'avait demandé l'avis du principal intéressé.

– Anthime est trop jeune, répétait sa femme, son corps va changer, il y a trop de risques, et nous ne le verrons plus.

L'entraîneur, assis face à elle, approcha ses énormes mains des siennes et murmura, la voix calme mais ferme :

– Nous verrons bien. Mais il faudra prendre une décision ; c'est maintenant ou jamais. [...]

L'entraîneur les salua du regard, et, avant de sortir, lança l'estocade :

– N'empêchez pas votre enfant de devenir quelqu'un.

Cécile Coulon, *Le Cœur du Pélican*, éditions Viviane Hamy, 2015.

28 Rédiger une lettre

Je comprends et j'applique la méthode

Rédigez la dernière lettre de Paul à sa femme.

- Pour construire la lettre, vous devez identifier : son genre (lettre intime ou officielle) ; le cadre du récit initial (l'époque, le lieu et la relation des personnages qui s'écrivent) ; la situation de l'émetteur et du destinataire ; l'objet de la lettre (la raison de son écriture) ; son contenu (informations, récit, argumentation, opinions, etc.) ; les émotions et sentiments que l'émetteur peut éprouver.

Dans la pièce de Charlotte Delbo, Ceux qui avaient choisi, *Françoise se rappelle sa dernière rencontre avec son mari, Paul, résistant condamné à mort par les nazis. Lors de cet adieu, alors que Françoise ne peut se résoudre à la mort de Paul, ce dernier lui rappelle son engagement au prix de sa propre vie et son espoir qu'elle puisse vivre pour voir la défaite du nazisme et la Libération.*

Préparer sa rédaction : La lettre de Paul serait à la fois une lettre d'adieu et une lettre testament. Paul ferait allusion à sa situation (la Résistance et la Seconde Guerre mondiale). Il expliquerait à sa femme le sens de son engagement et de son sacrifice pour la liberté. On peut imaginer qu'il souhaiterait, par sa lettre, lui donner la force de vivre et transmettre son combat et ses valeurs. L'expression des émotions et des sentiments de Paul sera présente mais nuancée dans la mesure où il cherche à transmettre un message à sa femme tout en lui disant adieu.

Je m'exerce

1 Soulignez les indices montrant qu'il s'agit de l'extrait d'une lettre intime.

Dans le cas d'une lettre intime, l'émetteur de la lettre est très présent et exprime ses sentiments : repérez ces marqueurs de subjectivité.

Laurence voyage sur les traces de sa mère, partie en Argentine lorsqu'elle avait huit ans. Elle écrit à sa grand-mère.

Buenos Aires, le 30 août 1988

Mamie chérie, bonjour,

J'habite chez Ceci (on dit Céci), la bibliothécaire du lycée français. Elle me loue une belle chambre et en échange je l'aide avec les livres (les classer et les réparer) et je fais un peu de ménage. C'est une maison étroite, avec peu de fenêtres, je m'y sens bien. [...] Je t'écrirai plus longuement la semaine prochaine, Ceci m'appelle pour le dîner. J'embrasse ta joue douce et je gratte Minette sous le cou, là où elle rrrrourrrrroune.

Laurence

PS : je ne l'ai pas encore trouvée.

Isabelle Monin, *Les Gens dans l'enveloppe*, J.-C. Lattès, 2015.

MÉMO
Rédiger une lettre

Repérez les consignes du sujet : qui écrit à qui ?

Identifiez le genre de la lettre :
- distinguez lettre intime et lettre officielle ;
- adaptez le registre (ou niveau) de langue au destinataire.

Identifiez le but de la lettre : faire le récit d'un événement, défendre un point de vue, réagir à une annonce.

Exprimez les sentiments de l'émetteur.

Structurez la lettre en paragraphes s'enchaînant de manière logique, avec une progression.

Respectez les codes de la lettre :
- indiquez la date et le lieu de l'écriture de la lettre en tête, à droite ;
- ajoutez une formule d'adresse et une formule de politesse conclusive ;
- faites des alinéas et des sauts de ligne après les formules de politesse ;
- terminez avec la signature de la lettre par l'émetteur (fictif).

Je m'entraîne au Brevet

2 **a. Lisez ce texte et imaginez qu'Octave Mouret décide d'écrire à Denise pour la convaincre de revenir sur sa décision. Comment commencerait cette lettre ?**

Dans une lettre argumentative, commencez par un paragraphe qui explique l'intention de la lettre pour introduire les arguments développés.

Denise Baudu est embauchée comme vendeuse d'un grand magasin, Au Bonheur des Dames, *dont le directeur est Octave Mouret. Denise excelle dans la vente et se montre soucieuse du personnel. Très vite, Mouret en tombe amoureux. Denise subit alors les moqueries et l'hostilité de ses collègues et souhaite démissionner.*

Lorsque Mouret reçut sa démission, il resta muet et comme froid, dans l'effort qu'il faisait pour se contenir. Puis, il déclara sèchement qu'il lui accordait huit jours de réflexion, avant de lui laisser commettre une pareille sottise.

Émile Zola, *Au Bonheur des Dames*, 1883.

....

....

b. Sur quels arguments Octave Mouret peut-il s'appuyer pour développer sa lettre ?

....

....

....

3 **Imaginez la lettre que Charles, le narrateur de ce récit, écrit à sa sœur Marguerite, après l'assaut évoqué à la fin de l'extrait. Vous vous appuierez sur les éléments du texte et sur vos connaissances de la vie sur le front pendant la Première Guerre mondiale.**

Notez vos idées sur le cahier avant de rédiger votre lettre sur une feuille libre.

Je suis monté sur une échelle et je jette le nez hors de la tranchée. [...] En bas, on me demande : « Qu'est-ce qu'ils font, en face ? – Rien. Rien. Apparemment. » Je redescends dans la tranchée. On est enterrés là-dedans depuis deux mois. C'est une sape[1] profonde de six mètres. Terre glaise et grise qui colle aux galoches[2]. Gabardines[3] grises. Casque gris. Gris-vert. Visages terreux. On a nos armes. On est prêts. Ils se préparent en face et nous aussi. [...]

Somptueux coucher de soleil, orange puis rouge. Aquarelle rouge, présage sanglant. Un rat gras passe, le nez fureteur, en jetant des petits coups de tête inquiets. Je parle avec Maurice quand subitement... « Alerte aux gaz ! » [...] On met les masques à gaz. Quelques-uns ont été trop lents, ils suffoquent, ils ont les yeux qui brûlent. [...]

Le capitaine crie : « Maintenant faut y aller. En avant, en avant ! Tous avec moi ! » Je crie aussi : « Section, avec moi ! » On grimpe sur les échelles de bois, on fonce à l'aveugle dans un brouillard coloré par la forêt en feu derrière nous. [...] Je pense à toi, Marguerite !

Antoine Rault, *La Danse des vivants*, Albin Michel, 2016.

1. **Sape** : galerie souterraine. 2. **Galoches** : chaussures à cuir épais. 3. **Gabardines** : manteaux imperméables.

....

....

....

....

....

29 Rédiger une scène de théâtre

Je comprends et j'applique la méthode

La porte de la loge s'ouvre, Simone apparaît. Imaginez la scène.

- Vous devez identifier : le cadre de la scène (l'époque, le lieu et les liens entre les personnages) ; le sujet de la scène théâtrale ; l'enjeu du discours (informatif, narratif, argumentatif, polémique...).

En conservant le registre comique, vous écrirez le dialogue entre les trois personnages en présence dans cette scène de théâtre.

- Vous devez repérer les consignes du sujet : imaginer une scène de théâtre en respectant la forme du texte de théâtre ; comprendre la situation des personnages et conserver le registre comique.

Un couple vient d'assister à une pièce de théâtre. Ils sont à la porte de la loge de Simone, comédienne et belle-sœur de Jean-Claude. Louise est tendue. Jean-Claude a le visage fermé.

LOUISE. – « Bravo », tu lui dis juste « bravo », c'est tout.

JEAN-CLAUDE. (*Soupirs*). [...]

LOUISE. – Tu ne peux pas dire « bravo » ? [...]

JEAN-CLAUDE. – J'ai haï cette soirée, tu es consciente de ça, Louise ?! J'ai tout détesté, les costumes, les décors, la pièce et Elle, surtout Elle !

LOUISE. – Justement, comme ça tu n'es pas obligé de lui dire que tu n'as pas aimé, tu lui dis juste « bravo », un petit bravo et c'est fini, on n'en parle plus, tu es débarrassé et moi j'enchaîne...

Jean-Michel Ribes, « Tragédie », *Théâtre sans animaux*, Actes Sud, 2001.

Réponse attendue : D'après la situation, le mari et la femme se disputent : le mari refuse de féliciter Simone. Le comique de la situation vient de l'insistance de l'épouse alors que son mari déteste sa belle-sœur. L'introduction du troisième personnage va complexifier la situation : comment le couple va-t-il réagir face à Simone, qui est l'objet de la dispute ? L'entrée en scène de Simone marque le début d'une nouvelle scène. Des didascalies donneront des indications sur sa posture et ses gestes.

Je m'exerce

1 a. Soulignez les éléments qui indiquent le cadre du récit dans cet extrait.

b. Entourez le nom des personnages qui parlent.

c. Soulignez d'une autre couleur ce qui caractérise la manière de parler et l'attitude des personnages dans le texte.

Assemblés sur le petit trottoir qui bordait le terrain, les enfants regardaient passer les voitures. Les caravanes luisaient de rosée. Les filles parlaient d'Esther. Je me souviens jamais la tête qu'elle a la femme, disait Anita à Mélanie. Mélanie chercha son souvenir. Elle a plein de cheveux, dit-elle. Elle ne parvenait pas à exprimer son idée. Elle ressemble à une gadjé[1] quoi, ajouta-t-elle finalement d'un ton bourru. Anita approuva de la tête.

Alice Ferney, *Grâce et dénuement*, Actes Sud, 1997.

1. **Gadjé** : qui n'est pas gitan.

MÉMO

Rédiger une scène de théâtre

Identifiez les éléments de la scène théâtrale : est-ce un dialogue ou un monologue ? qui sont les personnages ? de quoi parlent-ils ? dans quel but ?

Inventez une prise de parole efficace :
- identifiez le registre de la scène (tragique, comique, etc.) ;
- équilibrez les prises de parole entre les personnages et alternez les stichomythies (courtes répliques signalant un débat vif entre les personnages) et les répliques longues ;
- jouez sur les situations mises en jeu (péripéties, coups de théâtre, quiproquo, etc.) ;
- terminez votre scène en apportant une résolution au dialogue.

Respectez la forme du texte théâtral :
- insérez des didascalies (pour donner des informations sur le cadre ou sur les sentiments et les attitudes des personnages) ;
- écrivez le nom des personnages avant chaque prise de parole.

d. Réécrivez cet extrait sous la forme d'un début de scène théâtrale.

Utilisez des registres (ou niveaux) de langue en correspondance avec les personnages (statut, âge...).

....

....

....

2 a. Soulignez dans le texte les indices concernant la situation et les personnages de la scène.

L'action se déroule dans une ville qui subit des bombardements. Ajac, qui ne vit que pour son amante, Korée, refuse de se battre et cherche un moyen de fuir avec elle. Cette dernière refuse d'abandonner la ville et ses habitants...

KORÉE. Mon homme, mon sang, laisse-moi essuyer ton visage...

AJAC (*repoussant ses mains*). Écoute-moi, Korée, écoute-moi et ne pose pas de questions qui nous feraient perdre du temps, écoute simplement. Il y a à travers les décombres des rues de la ville un passage obscur, mi-creusé dans la terre, mi-taillé dans les caves des maisons, un passage étroit et puant qui de boyau en boyau, de salle en cavité mène hors de l'enceinte de la ville. [...] Écoute, la ville meurt et ce boyau existe qui mène au-delà de la puanteur et des obus. Quand la nuit sera noire, à l'heure où les rues sont des fleuves immobiles, tu te lèveras et nous nous retrouverons ici. [...]

KORÉE. Qu'y a-t-il à l'autre bout ?

AJAC. Ne pose pas de questions. Tu dois m'écouter parce que je suis ton homme, celui que tu as promis de suivre et que j'ai le moyen de nous sauver. J'ai le moyen et cela suffit. [...]

KORÉE. Que faisons-nous d'elle ?

AJAC. De qui ?

KORÉE. De la ville...

AJAC. Il y a toi et moi, Korée. Je ne connais rien d'autre. [...]

KORÉE. Est-ce que la ville tout entière peut passer par ton boyau ? Est-ce que la poignée de femmes et les derniers combattants peuvent se faufiler dans ces égouts avec nous ?

AJAC. Non.

KORÉE. Réfléchis bien...

Laurent Gaudé, *Pluie de cendres*, acte III, scène 6, Actes Sud, 2001.

b. Utilisez ces indices pour rédiger une didascalie initiale.

....

....

c. Quel est le projet d'Ajac ? Pourquoi ?

....

d. Pourquoi Korée ne semble-t-elle pas adhérer au projet d'Ajac ?

....

e. « Réfléchis bien... » (dernière réplique) : ajoutez une didascalie qui insistera sur l'état d'esprit de Korée.

Écrivez les didascalies entre parenthèses pour les distinguer des paroles du personnage.

....

Je m'entraîne au Brevet

3 Vous imaginerez la suite de ce dialogue théâtral : Korée refuse le plan de fuite d'Ajac, qu'elle perçoit comme un abandon et une trahison. Ajac tente de la faire changer d'avis.

Pensez à alterner stichomythies et répliques développées pour défendre les arguments de chacun.

30 Argumenter pour défendre son point de vue

Je comprends et j'applique la méthode

Est-il facile aujourd'hui pour une femme de concilier vie familiale et professionnelle ? Vous exposerez votre réponse à cette question dans un devoir argumenté.

- Analysez le sujet :
  - soulignez le thème du travail de réflexion ;
  - surlignez les mots indiquant que vous devez défendre votre point de vue (« votre réponse à cette question ») ;
  - respectez le type de texte parfois indiqué dans la consigne (texte argumentatif, lettre, article…).
- Organisez votre travail préparatoire au brouillon :
  - formulez la thèse que vous allez défendre ;
  - listez vos idées et regroupez-les en arguments et en exemples ;
  - construisez un plan organisé (un argument et son exemple par paragraphe) ;
  - rédigez votre introduction et votre conclusion.

Réponse attendue au brouillon : La consigne invite à réfléchir à une question d'actualité : la possibilité pour les femmes de pouvoir organiser leur vie entre le domaine privé et le domaine professionnel. La rédaction sera le développement d'un point de vue personnel. La thèse défendue peut être : « Non, il n'est pas facile aujourd'hui pour une femme de concilier vie familiale et professionnelle. » Des exemples d'arguments à développer : 1. La répartition des tâches ménagères n'est pas égalitaire. 2. La vie des femmes n'est pas facilitée au travail. 3. La société véhicule l'image de la « femme parfaite ».

Je m'exerce

1 Dans le sujet ci-dessous, qu'indiquent les mots soulignés ? Que précise l'expression surlignée ? Quelle aide vous apporte la partie entre crochets ?

> En quoi la lecture peut-elle être selon vous une source de liberté ? Vous répondrez à cette question **[en envisageant notamment différentes pratiques ou différents supports de lecture]**. Votre rédaction sera d'une longueur minimale d'une soixantaine de lignes.

....

....

....

....

....

....

....

....

....

MÉMO

Argumenter pour défendre son point de vue

Identifiez le thème du sujet : qui, quoi, où, quand.

Déterminez votre opinion personnelle (= votre thèse) **par rapport à ce thème.**
Ex. : Je pense que […]

Notez au brouillon des arguments (*pourquoi je pense cela ?*) justifiés par des **exemples**.

Prévoyez deux ou trois grandes parties : une partie par argument + un exemple dans chaque partie.

Rédigez l'introduction au brouillon : présentez le thème, annoncez votre thèse et le plan du devoir.

Rédigez la conclusion au brouillon : résumez les idées principales, répondez clairement à la question et proposez une ouverture sur une thématique proche.

2 **Parmi ces sujets, le(s)quel(s) vous invite(nt) à présenter et défendre votre point de vue ? Soulignez les expressions qui vous ont aidé(e) à répondre.**

1. Quels sont les avantages et les inconvénients de la mode ?

2. La télévision est-elle, d'après vous, un bon moyen de connaître le monde ?

3. Les journaux « people », les biographies, les biopics rencontrent un certain succès. Pourquoi la vie des personnes célèbres fascine-t-elle autant ?

....

....

Je m'entraîne au Brevet

3 **a. Lisez attentivement le sujet suivant et rédigez la thèse que vous allez défendre.**

> Pensez-vous que l'on doive suivre la mode à tout prix ? Vous rédigerez un devoir argumenté et organisé.

....

....

b. Rédigez trois arguments accompagnés chacun d'un exemple pour défendre la thèse selon laquelle on ne peut suivre aveuglément la mode.

Utilisez des connecteurs pour passer d'un argument à l'autre : tout d'abord, puis, ensuite, en outre, de plus, enfin, etc., et pour relier un exemple à un argument : en effet, notamment, citons, etc.

....

....

....

....

....

....

....

....

c. Rédigez l'introduction et la conclusion de votre devoir.

Utilisez des modalisateurs pour exprimer votre point de vue.

....

....

....

....

....

....

....

4 **Préparez le sujet proposé page 78 (exercice 1) puis rédigez votre travail.**

Essayez de créer une progression dans votre argumentation : donnez d'abord l'argument le plus évident et terminez par le plus convaincant.

31 Confronter des points de vue différents

Je comprends et j'applique la méthode

Certains fuient la solitude, n'y voyant que des inconvénients, alors que d'autres vont la rechercher pour pouvoir se ressourcer, réfléchir, etc.
Envisagez les raisons de ces différents choix dans un développement argumenté.

- Analysez le sujet :
  - soulignez le thème du sujet ;
  - surlignez les mots indiquant que vous devez confronter deux points de vue (« envisagez les raisons »).

- Respectez le type de texte demandé (« un développement argumenté »). S'il prend la forme d'un dialogue argumentatif, on doit identifier les thèses opposées dans les paroles des personnages.
- Réalisez votre travail préparatoire au brouillon : identifiez les deux thèses ; listez vos idées et regroupez-les en arguments et en exemples ; construisez un plan organisé ; rédigez votre introduction et votre conclusion.

Réponse attendue au brouillon : Le sujet invite à confronter deux points de vue sur la solitude. Il faut envisager tour à tour les bienfaits, les aspects positifs de la solitude et réfléchir à ses limites, ses aspects négatifs. La rédaction doit suivre un plan et présenter des arguments. Des exemples d'arguments à développer : 1. Raisons de fuir la solitude : besoin de discuter, d'échanger avec d'autres personnes, pour se sentir bien, vivant(e) ; crainte de se retrouver seul(e) avec soi-même et d'être confronté(e) à certains problèmes personnels. 2. Raisons de la rechercher : besoin de concentration pour un travail à produire, une recherche ; besoin de s'isoler pour réfléchir, prendre du recul sur soi ou sur sa vie de façon objective.

Je m'exerce

1 Rédigez les deux thèses possibles pour le sujet suivant.

Certains artistes ont choisi de représenter la violence, celle de la guerre notamment, afin d'amener le public ou les lecteurs à réfléchir. Dans un développement argumenté et organisé vous réfléchirez aux avantages et aux limites de la représentation de la violence.

....

....

....

....

....

....

....

....

....

MÉMO

Confronter des points de vue différents

Identifiez les deux thèses énoncées dans le sujet.

Listez des arguments et des exemples pour chaque thèse.

Construisez un plan en deux parties :
- une partie pour chaque thèse ;
- deux ou trois arguments par partie (= paragraphes) ;
- un exemple par argument.

Rédigez l'introduction du devoir au brouillon : situez le thème (*qui, quoi, où, quand*), formulez les deux thèses (*si certains pensent que..., d'autres y voient surtout...*), posez la question qui découle du sujet et annoncez le plan.

Rédigez la conclusion au brouillon : faites le bilan de la réflexion menée, prenez éventuellement position puis proposez un prolongement possible au sujet.

Rédigez votre devoir selon votre plan, en organisant les deux parties, les arguments et les exemples à l'aide de **connecteurs logiques**.

2 Rédigez l'introduction du sujet proposé page 80 (exercice 1).

Pour donner du relief à votre discours, pensez aux questions rhétoriques, à l'antiphrase, à varier les types de phrases, aux modalisateurs (sans doute, peut-être, indiscutablement), aux emplois de l'indicatif (= certitude) et du subjonctif (= le doute).

Je m'entraîne au Brevet

3 a. Trouvez trois arguments pour soutenir chacune des thèses suggérées par le sujet suivant.

> Certaines personnes choisissent la vie dans les grandes villes car elles recherchent un plus grand confort de vie. La ville est-elle seulement source de bonheur et d'épanouissement ? Vous répondrez à cette question dans un texte organisé et argumenté.

b. Rédigez intégralement un paragraphe pour chaque thèse.

Utilisez des connecteurs pour ajouter des arguments (en premier lieu, de même que, d'autre part), introduire des exemples (ainsi, par exemple, notamment, d'ailleurs), marquer l'opposition (cependant, pourtant, certes).

c. Rédigez la conclusion de ce devoir.

▶ Questions sur le texte et l'image

1h10 50 pts

Doc. A

Les souris

Dans la nouvelle, intitulée « Les souris », Dino Buzzati, journaliste et écrivain italien (1906-1972), imagine que des rongeurs deviennent de plus en plus envahissants dans une propriété.

Qu'est-il advenu de mes amis Corio ? Que se passe-t-il dans leur vieille maison de campagne qu'on appelle la Doganella ? Depuis bien longtemps ils m'invitaient chaque été pour quelques semaines. Cette année, pour la première fois, ils n'en ont rien fait. Giovanni m'a écrit quelques lignes d'excuse. Une lettre curieuse, faisant allusion d'une façon vague à des difficultés, des ennuis de famille, mais qui n'explique rien.

Ah, combien de jours heureux ai-je vécus dans leur maison, dans la solitude des bois ! Vieux souvenirs, aujourd'hui pour la première fois vous surgissez, petits faits qui me semblaient alors banals, indifférents. [...]

Une autre année passe encore. À peine suis-je entré dans la maison que je remarque deux chats splendides, pleins d'une vigueur extraordinaire : chats tigrés, à forte musculature, au poil soyeux comme seuls en ont les chats qui se nourrissent de souris. Je dis à Giovanni :

– Ah, vous vous êtes quand même enfin décidés ! Ils doivent faire de ces carnages ! Je parie qu'ils ne chôment pas !

– Bah, répond-il, s'ils ne devaient vivre que de souris, les pauvres...

– Je les trouve pourtant bien gras, tes minous !

– Oh oui, on les soigne. Tu sais, dans la cuisine, ils peuvent manger tout ce qu'ils veulent.

Une autre année encore. En arrivant dans la maison pour passer mes vacances habituelles, je retrouve les deux chats. Mais ils ne se ressemblent plus guère : ils ont perdu toute leur vigueur, ils sont décrépits[1], essoufflés, étiques[2]. Ils ne se glissent plus en frétillant d'une pièce à l'autre. Au contraire, toujours fourrés entre les jambes de leurs maîtres, somnolents, privés d'initiative. Je m'enquiers[3] :

– Sont-ils malades ? Comment peuvent-ils être tellement décharnés ? N'ont-ils plus de souris à se mettre sous la dent ?

– Tu l'as dit ! répond vivement Giovanni Corio. Ce sont les chats les plus stupides de la création. Ils ne s'intéressent plus à rien depuis qu'il n'y a plus de souris dans la maison... On n'en voit même pas la trace !

Satisfait, il part dans un grand éclat de rire.

Un peu plus tard Giorgio, l'aîné des enfants de Corio, me prend à part avec des mines de comploteur.

– Tu sais pourquoi ? Ils ont peur !

– Qui a peur ?

– Les chats, ils ont peur. Papa ne veut jamais qu'on en parle, ça l'ennuie. Mais c'est pourtant vrai que les chats ont peur...

– Peur de qui ?

– Tiens donc ! des souris ! En un an ces sales bêtes, elles n'étaient qu'une dizaine, sont devenues plus de cent... Et pas les petites souris de jadis ! On jurerait des tigres. Plus grandes qu'une taupe, le poil hirsute, toutes noires. En fait, les chats n'osent plus s'attaquer à elles.

– Et vous ne faites rien ?

– Bah ! il faudra bien faire quelque chose, seulement papa ne s'y décide jamais. Je ne comprends pas pourquoi, mais c'est un sujet de conversation qu'il vaut mieux laisser de côté. Ça l'énerve, je te dis...

Et l'année suivante, dès la première nuit, un immense branle-bas au-dessus de ma chambre, comme une foule en train de courir...

Dino Buzzati, « Les souris » [1954],
in *Récits pour aujourd'hui*, 2010.

---

1. Décrépits : se trouvant dans une extrême déchéance physique. **2. Étiques** : très maigres. **3. Je m'enquiers** : je demande.

Doc. B

Art Spiegelman (né en 1948), *Maus* (roman graphique publié de 1980 à 1991).

Les réponses aux questions doivent être entièrement rédigées sur votre copie.

Compréhension et compétences d'interprétation (32 points)

1 Qui sont les personnages présents dans le récit ? Comment sont-ils désignés ? 3 pts

Repérez les noms (communs ou propres) et les pronoms personnels qui renvoient aux personnages pour les identifier.

2 Dans quel lieu l'action se déroule-t-elle ? Quelle atmosphère règne dans ce lieu ? Peut-on identifier un pays ? 3 pts

Soulignez les indications de lieu (noms communs ou propres) et demandez-vous quelle est leur particularité. Interrogez-vous sur les indices qui jalonnent le texte pour caractériser l'ambiance qui règne. Relisez le paratexte et le premier paragraphe pour identifier un pays.

3 À quelle époque le récit se situe-t-il ? Quels indices peut-on relever ? 3 pts

Observez les indications de temps qui jalonnent le texte. Sont-elles précises ? Relisez le paratexte. Quelle hypothèse peut-on formuler sur l'époque ?

4 Relevez les éléments qui constituent les deux portraits de chats (l. 13-41)**. Ces portraits sont-ils valorisants ou dévalorisants ? Quel lien logique existe entre les deux portraits ?** 4 pts

Repérez les termes relatifs au physique et à l'attitude des chats. Notez les groupes de mots qui les qualifient dans chaque portrait. Sont-ils mélioratifs ou dépréciatifs ? Les deux portraits sont-ils semblables ou différents ?

5 Par quels procédés d'écriture (lexique dominant, images, types de phrases…) les souris sont-elles décrites (l. 51-56) **? Quelle vision se dégage de la description ? Que représentent les souris par rapport aux chats ?** 5 pts

Observez les mots utilisés pour qualifier les souris. À quoi sont-elles comparées ? Quelle impression produit la description sur les personnages et sur le lecteur ? La représentation des souris vous semble-t-elle habituelle ? Qui peut se cacher derrière elles ?

6 Comparez l'attitude du père face aux événements à celle du fils tout au long du récit. Qu'y a-t-il de surprenant ? 4 pts

Repérez les passages qui permettent de caractériser l'attitude du père et celle du fils. Demandez-vous qui ose dire ce qui se passe et pourquoi.

7 Quelles hypothèses le lecteur peut-il formuler sur la suite du récit ? 4 pts

Relisez le texte et le questionnaire. Demandez-vous pourquoi les chats maigrissent alors que les souris se multiplient et qu'elles prospèrent. Qui ou quels symboles peuvent se cacher derrière ces animaux ?

8 Quels liens pouvez-vous établir entre l'extrait de la nouvelle et la première de couverture, empruntée à *Maus* d'Art Spiegelman ? Des références au texte et des éléments descriptifs de l'image sont attendus. 6 pts

Repérez des points communs et des différences en vous interrogeant sur les titres, les références éventuelles à une époque ou à l'histoire, les éléments du cadre et les personnages. Les animaux occupent-ils la même place, ont-ils le même statut, jouent-ils le même rôle dans les deux documents ? → **23. Mettre en relation un texte et une image, p. 56.**

Grammaire et compétences linguistiques (18 points)

9 Relevez les deux premières phrases du récit. De quel type de phrase s'agit-il ? En quoi ces deux phrases sont-elles importantes dans la compréhension du récit ? 4 pts

Prêtez attention à la ponctuation des deux phrases, aux mots introducteurs et aux verbes. Interrogez-vous sur le lien entre ces deux phrases et la suite du récit.

10 Dans le passage « Ah, combien de jours heureux ai-je vécus dans leur maison, dans la solitude des bois ! » (l. 9-10)**, quelle forme de phrase est employée ? Qu'exprime-t-elle ?** 4 pts

Observez le mot initial « Ah » et la ponctuation finale. Interrogez-vous sur le sentiment contenu dans cette phrase.
→ **4. Identifier et analyser les types et formes de phrases, p. 12.**

11 Réécrivez le passage suivant en remplaçant « les chats » par « les chattes ». Effectuez toutes les modifications nécessaires.

« En arrivant dans la maison pour passer mes vacances habituelles, je retrouve les deux chats. Mais ils ne se ressemblent plus guère : ils ont perdu toute leur vigueur, ils sont décrépits, essoufflés, étiques. Ils ne se glissent plus en frétillant d'une pièce à l'autre. Au contraire, toujours fourrés entre les jambes de leurs maîtres, somnolents, privés d'initiative. Je m'enquiers :

– Sont-ils malades ? Comment peuvent-ils être tellement décharnés ? N'ont-ils plus de souris à se mettre sous la dent ?

– Tu l'as dit ! répond vivement Giovanni Corio. Ce sont les chats les plus stupides de la création. Ils ne s'intéressent plus à rien depuis qu'il n'y a plus de souris dans la maison... » (l. 27-41) **10 pts**

Pour réussir la réécriture, repérez les références aux « chats » sous forme de groupes nominaux ou de pronoms personnels. Respectez les accords des adjectifs et des participes passés qui s'y rapportent (marques du féminin pluriel).
→ **24. Réussir la réécriture, p. 60.**

Dictée

20 min | 10 pts

Écrivez le texte sous la dictée de votre enseignant(e).

Pour réussir la dictée, interrogez-vous sur les terminaisons des verbes conjugués à l'imparfait (-ait, -aient), à ne pas confondre avec un infinitif en -er, sur les marques du pluriel dans les groupes nominaux et sur l'orthographe du mot « rhinocéros ». → **25. Se préparer à la dictée, p. 64.**

Rédaction

1 h 30 | 40 pts

Vous traiterez au choix l'un des sujets suivants.

• Sujet d'imagination

« Et l'année suivante, dès la première nuit, un immense branle-bas au-dessus de ma chambre, comme une foule en train de courir... »

Écrivez la fin de la nouvelle en tenant compte du cadre de l'action, en conservant les personnages et en respectant les temps du récit.

Analysez le sujet en soulignant les mots-clés. Interrogez-vous sur le lieu de l'action, sur les personnages en présence et sur le narrateur. Veillez au bon emploi des temps pour garantir la cohérence du récit. Imaginez une fin qui surprenne le lecteur et qui l'invite à réfléchir sur le sens de la nouvelle.

Critères de réussite

- ☐ J'ai respecté les consignes d'écriture (lieu, personnages, narrateur, temps du récit).
- ☐ J'ai proposé une fin originale qui joue sur l'effet de surprise et qui contient une réflexion.
- ☐ J'ai écrit un texte dans une langue correcte et sans fautes d'orthographe.

• Sujet de réflexion

Attendez-vous d'une nouvelle qu'elle délivre un message ?

Vous répondrez à cette question par un développement argumenté d'une soixantaine de lignes, en vous appuyant sur les œuvres étudiées en classe et vos lectures personnelles.

Analysez le sujet en soulignant les mots-clés. Interrogez-vous sur la signification du mot « message ». Quels types de messages une nouvelle peut-elle contenir ? Comment les exprime-t-elle ? Ces messages ont-ils une valeur universelle (sont-ils permanents) ? Recherchez des titres de nouvelles que vous avez lues ou étudiées pour illustrer votre propos. Construisez un plan avec des arguments et des exemples pour défendre votre point de vue sur la fonction / la visée d'une nouvelle. Rédigez votre travail en reliant les idées grâce à des connecteurs logiques. → **30. Argumenter pour défendre son point de vue, p. 78.**

Critères de réussite

- ☐ J'ai proposé des exemples de nouvelles pour illustrer mon propos.
- ☐ J'ai traité le sujet en construisant un développement avec des arguments et des exemples, articulés entre eux.
- ☐ J'ai écrit un texte dans une langue correcte et sans fautes d'orthographe.

▶ Questions sur le texte et l'image

1h10 50 pts

Doc. A

La bicyclette

Passant dans la rue un dimanche à six heures, soudain,
Au bout d'un corridor fermé de vitres en losange,
On voit un torrent de soleil qui roule entre des branches
Et se pulvérise à travers les feuilles d'un jardin,
Avec des éclats palpitants au milieu du pavage
Et des gouttes d'or en suspens aux rayons d'un vélo.
C'est un grand vélo noir, de proportions parfaites,
Qui touche à peine au mur. Il a la grâce d'une bête
En éveil dans sa fixité calme : c'est un oiseau.
La rue est vide. Le jardin continue en silence
De déverser à flots ce feu vert et doré qui danse
Pieds nus, à petits pas légers sur le froid du carreau.
Parfois un chien aboie ainsi qu'aux abords d'un village.
On pense à des murs écroulés, à des bois, des étangs.
La bicyclette vibre alors, on dirait qu'elle entend.
Et voudrait-on s'en emparer, puisque rien ne l'entrave,
On devine qu'avant d'avoir effleuré le guidon
Éblouissant, on la verrait s'enlever d'un seul bond
À travers le vitrage à demi noyé qui chancelle,
Et lancer dans le feu du soir les grappes d'étincelles
Qui font à présent de ses roues deux astres en fusion.

Jacques Réda, « La bicyclette », in *Retour au calme*, © Gallimard, 1989.

Doc. B

Fernand Léger, *Les Loisirs, hommage à Louis David* (1948-1949), huile sur toile, 154 x 185 cm, centre Pompidou, Paris.

Les réponses aux questions doivent être entièrement rédigées sur votre copie.

Compréhension et compétences d'interprétation (32 points)

1 Quel lieu est évoqué dans le poème ? Quelle est sa particularité ? 3 pts

Soulignez les indications de lieu. Demandez-vous de quel type de paysage il s'agit et s'il est habituel en poésie.

2 Relevez les indicateurs de temps. Qu'annoncent-ils ? 3 pts

Soulignez les indications de temps tout au long du poème. Interrogez-vous sur le moment de la journée et sur l'atmosphère qui règne. Comparez les éléments temporels au début et à la fin du poème.

3 Par quels termes la bicyclette est-elle désignée ? Quels groupes de mots la caractérisent ? Sont-ils dépréciatifs ou mélioratifs ? 4 pts

Relevez les termes qui nomment la bicyclette. À quel domaine appartiennent-ils ? Relevez les groupes de mots qui la qualifient. Sont-ils valorisants ou dévalorisants ?

4 Quel type de vers est employé dans le passage suivant : « C'est un grand vélo noir, de proportions parfaites » (v. 7) **? En quoi ce vers diffère-t-il des autres ? Pourquoi le poète a-t-il fait ce choix ?** 3 pts

Comptez les syllabes du vers 7 en respectant les -e muets. Observez combien de syllabes comportent les autres vers. Quel vers est le plus fréquemment utilisé en poésie ?

5 Grâce à quels types de verbes la bicyclette s'anime-t-elle peu à peu ? 4 pts

Relevez les verbes qui se rapportent à la bicyclette. Demandez-vous comment on peut les classer en fonction de ce qu'ils expriment.

6 Par l'emploi de quelles images la bicyclette se transforme-t-elle peu à peu ? 5 pts

Soulignez les images (comparaisons, métaphores ou personnifications) qui ponctuent le poème. Identifiez le type d'image. → 19. Analyser un poème, p. 44, et 21. Analyser les procédés d'écriture, p. 52.
Observez les champs lexicaux dominants pour voir à quoi est assimilée la bicyclette.

7 Quelle dimension la bicyclette prend-elle dans les cinq derniers vers ? 4 pts

Observez les verbes employés, le lexique dominant, la place des mots, la chute du poème...

8 Quels liens pouvez-vous établir entre le poème et le tableau ? Des références au texte et des éléments descriptifs de l'image sont attendus. 6 pts

Repérez des points communs et des différences en vous interrogeant sur le titre, l'époque, le décor, le sujet, la manière de le traiter (procédés de style et technique du peintre)... → 23. Mettre en relation un texte et une image, p. 56.

Grammaire et compétences linguistiques (18 points)

9 Relevez les marques de « on » dans le poème. Précisez sa nature et sa fonction. À qui renvoie-t-il ? 5 pts

Observez la place de « on » dans chaque membre de phrase et demandez-vous par quels mots ou groupes nominaux on pourrait le remplacer.

10 Dans la phrase : « on la verrait s'enlever d'un seul bond [...] Et lancer dans le feu du soir les grappes d'étincelles » (v. 18 et 20)**, identifiez la proposition principale et les propositions subordonnées. De quel type de subordonnée(s) s'agit-il ? Par quelle autre subordonnée pourrait-on la remplacer ?** 3 pts

Soulignez la proposition principale et encadrez les propositions subordonnées. Quelle est la particularité des verbes employés dans les subordonnées ? Transformez les subordonnées en vous interrogeant sur le subordonnant à employer et le mode des verbes à respecter.

11 Réécrivez le passage suivant en remplaçant les verbes au présent de l'indicatif par le passé. Effectuez toutes les modifications nécessaires.

« C'est un grand vélo noir, de proportions parfaites,
Qui touche à peine au mur. Il a la grâce d'une bête
En éveil dans sa fixité calme : c'est un oiseau.
La rue est vide. Le jardin continue en silence
De déverser à flots ce feu vert et doré qui danse
Pieds nus, à petits pas légers sur le froid du carreau.
Parfois un chien aboie ainsi qu'aux abords d'un village.
On pense à des murs écroulés, à des bois, des étangs. » (v. 7-14) 10 pts

Pour réussir la réécriture, repérez les verbes au présent de l'indicatif présent, remplacez-les par un temps du passé (imparfait, passé simple...) en fonction du contexte et respectez les accords verbaux.

→ **24. Réussir la réécriture, p. 60.**

Dictée

20 min | 10 pts

Écrivez le texte sous la dictée de votre enseignant(e).

Pour réussir la dictée, interrogez-vous sur les accords des participes passés (-é, -ée, -és, -ées) à ne pas confondre avec un infinitif en -er, sur les terminaisons des verbes conjugués au présent (-e, -ent), sur l'orthographe des adverbes en -ment et sur le mot « s'appesantir ». → **25. Se préparer à la dictée, p. 64.**

Rédaction

1 h 30 | 40 pts

Vous traiterez au choix l'un des sujets suivants.

• Sujet d'imagination

Écrivez un poème en vers ou un texte en prose sur un objet du quotidien que vous valoriserez.
Vous emploierez des procédés d'écriture variés (au moins trois).

Analysez le sujet en soulignant les mots-clés.
Interrogez-vous sur le choix de la forme (prose ou poésie) et ses contraintes d'écriture.
→ **19. Analyser un poème, p. 44.**
Choisissez un objet banal et notez ses principales caractéristiques.
Décrivez l'objet en recourant à des termes qui le mettent en valeur.
Employez des procédés d'écriture (images, personnifications, hyperboles...) pour donner une dimension poétique à l'objet du quotidien.

Critères de réussite

- ☐ J'ai décrit un objet banal.
- ☐ J'en ai donné une vision poétique grâce à des procédés d'écriture.
- ☐ J'ai écrit un texte dans une langue correcte et sans fautes d'orthographe.

• Sujet de réflexion

La poésie a-t-elle le pouvoir de transformer la réalité ?
Vous répondrez à cette question par un développement argumenté d'une soixantaine de lignes, en vous appuyant sur les œuvres étudiées en classe et vos lectures personnelles.

Analysez le sujet en soulignant les mots-clés.
Interrogez-vous sur les termes du sujet. Quels sont les rapports entre la poésie et le monde ? Comment la poésie peut-elle changer le regard que l'on porte sur le monde ? Pourquoi peut-elle le modifier ?
Recherchez des poèmes (lus, étudiés) pour illustrer votre réflexion.
Construisez un plan avec des arguments et des exemples pour défendre votre point de vue : la poésie peut-elle ou ne peut-elle pas transformer la réalité ?
Rédigez votre travail en reliant les idées grâce à des connecteurs logiques.
→ **30. Argumenter pour défendre son point de vue, p. 78.**

Critères de réussite

- ☐ J'ai proposé des exemples de poèmes pour illustrer mon propos.
- ☐ J'ai répondu à la question en construisant une argumentation.
- ☐ J'ai écrit un texte dans une langue correcte et sans fautes d'orthographe.

Questions sur le texte et l'image

1h10 50 pts

Doc. A

Le génie du commerce

Octave Mouret a créé et dirige Au Bonheur des Dames, *premier grand magasin de Paris au XIXe siècle.*

Et Mouret regardait toujours son peuple de femmes, au milieu de ces flamboiements. Les ombres noires s'enlevaient avec vigueur sur les fonds pâles. De longs remous brisaient la cohue, la fièvre de cette journée de grande vente passait comme un vertige, roulant la houle désordonnée des têtes. On commençait à sortir, le saccage des étoffes jonchait les comptoirs, l'or sonnait dans les caisses tandis que la clientèle, dépouillée, violée, s'en allait à moitié défaite, avec la volupté assouvie et la sourde honte d'un désir contenté au fond d'un hôtel louche. C'était lui qui les possédait de la sorte, qui les tenait à sa merci, par son entassement continu de marchandises, par sa baisse des prix et ses rendus, sa galanterie et sa réclame. Il avait conquis les mères elles-mêmes, il régnait sur toutes avec la brutalité d'un despote, dont le caprice ruinait des ménages. Sa création apportait une religion nouvelle, les églises que désertait peu à peu la foi chancelante étaient remplacées par son bazar, dans les âmes inoccupées désormais. La femme venait passer chez lui les heures vides, les heures frissonnantes et inquiètes qu'elle vivait jadis au fond des chapelles : dépense nécessaire de passion nerveuse, lutte renaissante d'un dieu contre le mari, culte sans cesse renouvelé du corps, avec l'au-delà divin de la beauté. S'il avait fermé ses portes, il y aurait eu un soulèvement sur le pavé, le cri éperdu des dévotes[1] auxquelles on supprimerait le confessionnal[2] et l'autel. Dans leur luxe accru depuis dix ans, il les voyait, malgré l'heure, s'entêter au travers de l'énorme charpente métallique, le long des escaliers suspendus et des ponts volants. Mme Marty et sa fille, emportées au plus haut, vagabondaient parmi les meubles. Retenue par son petit monde, Mme Bourdelais ne pouvait s'arracher des articles de Paris. Puis, venait la bande, Mme de Boves toujours au bras de Vallagnosc, et suivie de Blanche, s'arrêtant à chaque rayon, osant regarder encore les étoffes de son air superbe. [...] il se sentit le maître une dernière fois, il les tenait à ses pieds, sous l'éblouissement des feux électriques, ainsi qu'un bétail dont il avait tiré sa fortune.

Émile Zola, *Au Bonheur des Dames*, 1883.

1. **Dévotes** : femmes extrêmement pieuses, dévouées aux pratiques religieuses. 2. **Confessionnal** : lieu où un(e) fidèle se confesse à un prêtre.

Doc. B

Grand magasin, vue de l'intérieur de « Au bon marché », gravure in *L'Univers illustré*, 1872, collection privée.

Les réponses aux questions doivent être entièrement rédigées sur votre copie.

Compréhension et compétences d'interprétation (32 points)

1 Où la scène décrite se déroule-t-elle et à quel moment de la journée ?
Vous justifierez votre réponse en vous appuyant sur le texte. 4 pts

2 « De longs remous brisaient la cohue, la fièvre de cette journée de grande vente passait comme un vertige, roulant la houle désordonnée des têtes. » (l. 3-6)
a. Expliquez la phrase. 2 pts
b. Justifiez votre explication en prenant appui sur la construction de la phrase et le lexique. 3 pts

3 « On commençait à sortir, le saccage des étoffes [...] dont le caprice ruinait les ménages. » (l. 6-17)
Quelle atmosphère se dégage du texte ?
Vous répondrez à cette question en étudiant le registre employé, et en vous appuyant sur des procédés d'écriture que vous analyserez. 6 pts

4 Quelle position Octave Mouret adopte-t-il dans cet extrait ?
Pour répondre à la question, vous vous appuierez sur au moins trois éléments précis du texte. 6 pts

5 Quelle vision des grands magasins est donnée à travers ce texte de Zola ?
Vous justifierez votre réponse en développant au moins deux éléments précis du texte. 5 pts

6 Quels liens pouvez-vous établir entre la gravure (doc. B) et le texte d'Émile Zola ?
Développez votre réponse en vous appuyant sur des éléments précis. 6 pts

Grammaire et compétences linguistiques (18 points)

7 « il se sentit <u>le maître</u> une dernière fois »
(l. 39-40)
a. Par quel verbe peut-on remplacer le verbe « se sentit » ? 1 pt
b. Quelle fonction du groupe souligné pouvez-vous ainsi identifier ? 1 pt

8 « Il avait conquis les mères elles-mêmes, il régnait sur toutes avec la brutalité d'un despote, dont le caprice ruinait des ménages. » (l. 15-17)
a. Délimitez les différentes propositions de cette phrase et donnez leur nature. 5 pts
b. Quelle est la fonction de la dernière proposition ? 1 pt

9 Réécrivez ce passage en remplaçant « il » par « ils ». Effectuez toutes les modifications nécessaires.
« C'était lui qui les possédait de la sorte, qui les tenait à sa merci, par son entassement continu de marchandises, par sa baisse des prix et ses rendus, sa galanterie et sa réclame. Il avait conquis les mères elles-mêmes, il régnait sur toutes avec la brutalité d'un despote. » (l. 11-16) 10 pts

Dictée

20 min | 10 pts

Écrivez le texte sous la dictée de votre enseignant(e).

Rédaction

1 h 30 | 40 pts

Vous traiterez au choix l'un des sujets suivants.

- **Sujet d'imagination**

Une cliente aborde Octave Mouret qui est fasciné par l'observation de sa clientèle et son triomphe. Imaginez la raison qui pousse la cliente à engager la discussion et leur échange.
Vous rédigerez cette scène en utilisant le dialogue et le récit.

- **Sujet de réflexion**

Le bonheur et le plaisir sont-ils nécessairement liés à la possession de produits de consommation ?
Vous exposerez votre point de vue dans un développement organisé, d'une longueur minimale d'une soixantaine de lignes, en vous appuyant sur votre expérience, vos lectures, votre culture personnelle et les connaissances acquises dans les différentes disciplines.

Questions sur le texte et l'image

1h10 50 pts

Doc. A

Le père et le fils

Le narrateur passe ses vacances en Charente-Maritime, à Royan, avec sa mère et son beau-père, Michel Fottorino, qui l'a adopté.

Il est d'autant mieux devenu mon père que, de toutes mes forces et de toutes mes peurs, j'ai voulu devenir son fils. […]

Cette fois nous nageons. Plutôt je me noie sans m'en apercevoir. J'ai dix ans, nous sommes à la Pointe Espagnole[1], en famille un dimanche d'été, baignade non surveillée. Ma petite planche en bois, le nez dressé pour prendre les vagues, glisse vers le large. Les courants m'emportent. Je n'entends pas vos cris. Je m'éloigne. Je n'ai pas la moindre idée du danger. Quand je lutterai pour revenir vers le rivage, ce sera trop tard. Je revois très précisément mon père à travers le rideau épais des années. Il s'est élancé du bord et a plongé comme un javelot, tête la première. Soudain entre la crête des vagues, il est là. Comment a-t-il fait pour me rejoindre si vite ? Il parle calmement, n'a pas le souffle coupé. Il doit avoir la force de Johnny Weissmuller dans *Tarzan*. Pour maman là-bas sur le sable, nous ne sommes que deux petits points dans un gouffre bleu. Je la vois qui court puis s'effondre, son ventre rond en avant car il y a François[2] dedans, mon cadeau d'anniversaire pour le mois d'août. C'est une scène sans paroles, seulement bruitée par la houle. Je devine que maman pleure, qu'elle nous voit déjà par le fond, papa et moi. Des gens l'entourent. Elle tient son visage entre ses mains. Mon père, serein, continue de me parler, il m'invite à bien respirer, à rester tranquille. Mais je ne suis pas affolé puisqu'il est là. La confiance est une forme d'inconscience. Après, je saurai que chaque année des enfants et aussi des adultes périssent dans ces courants. Je n'ai pas eu peur, mon père m'a rejoint, on est revenus sans encombre sur le sable. On avait dérivé loin des serviettes et de ma mère paniquée. Sauvés. Mon père a son petit sourire, il nous console. Il y a bien assez d'eau salée dans l'océan, pourquoi le grossir de nos larmes. Pour oublier nos frayeurs, Zoune[3] préparera un « complet poisson » si parfumé qu'on sucera jusqu'aux arêtes, on mangera des sorbets de chez le glacier Judici, des sucres d'orge dont la pâte pend comme un long serpent paresseux au-dessus des tables de marbre du confiseur Tamisier. Dès le lendemain on se retrouvera sur la plage de Pontaillac[4].

Éric Fottorino, *L'homme qui m'aimait tout bas*, © Gallimard, 2009.

1. **Pointe Espagnole** : un cap en Charente-Maritime. 2. **François** : demi-frère du narrateur. 3. **Zoune** : sœur du père. 4. **Pontaillac** : il s'agit d'un quartier résidentiel situé à l'ouest de Royan.

Doc. B

Robert Doisneau, *Pramousquier*, août 1959.

Les réponses aux questions doivent être entièrement rédigées sur votre copie.

Compréhension et compétences d'interprétation (32 points)

1. **Dans quel lieu et à quel moment de l'année la scène se déroule-t-elle ?**
Justifiez votre réponse en relevant des indices dans le texte. 3 pts

2. **Quels sont les personnages qui participent à la scène ? Quels personnages sont seulement évoqués ? Quelles relations les différents personnages entretiennent-ils entre eux ?** 3 pts

3. **Relevez des exemples du « je » dans le texte. Quelle forme grammaticale est employée à travers le « je » ? Qui s'exprime à travers le « je » ? De quel genre de récit s'agit-il ?** 4 pts

4. **Quel événement survient dans le récit ?**
Justifiez votre réponse à l'aide du lexique dominant. 4 pts

5. **Quelles sont les réactions de la mère face à l'événement ?**
Citez le texte. 4 pts

6. **Quel rôle le père joue-t-il tout au long de la scène ?**
Relevez des caractéristiques précises du texte (lexique, image, type de phrase...). 4 pts

7. **Quels sentiments l'enfant éprouve-t-il face à son père ?**
Justifiez votre réponse en vous appuyant sur l'extrait. Trois éléments au moins sont attendus. 4 pts

8. **Quels liens pouvez-vous établir entre le texte et la photographie proposée ?**
Des références au texte et des éléments descriptifs de l'image sont attendus. 6 pts

Grammaire et compétences linguistiques (18 points)

9. **De « nous nageons » à « la moindre idée du danger »** (l. 4-11)
Relevez les verbes conjugués. Quel temps domine ? Qu'exprime-t-il ? 5 pts

10. **« Pour oublier nos frayeurs, Zoune préparera un "complet poisson" si parfumé qu'on sucera jusqu'aux arêtes »** (l. 37-39).
Dans cette phrase, relevez les propositions subordonnées circonstancielles, soulignez le subordonnant et précisez le mode employé dans les subordonnées. Quelle est leur fonction ? 3 pts

11. **Réécrivez le passage suivant en remplaçant « mon père » par « mes parents ». Effectuez toutes les modifications nécessaires.**
« Je revois très précisément mon père à travers le rideau épais des années. Il s'est élancé du bord et a plongé comme un javelot, tête la première. Soudain entre la crête des vagues, il est là. Comment a-t-il fait pour me rejoindre si vite ? Il parle calmement, n'a pas le souffle coupé. Il doit avoir la force de Johnny Weissmuller dans *Tarzan*. » (l. 12-18) 10 pts

Dictée 20 min 10 pts

Écrivez le texte sous la dictée de votre enseignant(e).

Rédaction 1 h 30 40 pts

Vous traiterez au choix l'un des sujets suivants.

- **Sujet d'imagination**

« Dès le lendemain on se retrouvera sur la plage de Pontaillac. » (l. 43-44)
Racontez la (nouvelle) journée qui réunit au bord de l'eau les mêmes personnages que la veille.
Vous préciserez les éléments du paysage qui constituent le cadre de l'action. Vous conserverez l'emploi du « je ».

- **Sujet de réflexion**

Pour quelles raisons un récit autobiographique peut-il faire revivre la figure des parents ?
Vous répondrez à cette question par un développement argumenté d'une soixantaine de lignes, en vous appuyant sur les œuvres étudiées en classe et vos lectures personnelles.

Questions sur le texte et l'image

1h10 50 pts

Doc. A

Un projet planétaire

Afin d'exploiter plus de ressources terrestres, des scientifiques et des militaires, réunis dans une association, «le Gun-Club», dirigée par le président Barbicane, ont formé le projet de faire basculer l'axe de la Terre.

On le comprend, une conséquence des diverses hauteurs que peut atteindre le Soleil au-dessus de l'horizon, c'est qu'il en résulte une chaleur excessive pour la zone torride – une chaleur modérée mais variable à mesure qu'on s'éloigne des Tropiques pour la zone tempérée, – un froid excessif pour la zone glaciale depuis les Cercles polaires jusqu'aux Pôles.

Eh bien les choses ne se passeraient plus ainsi à la surface de la Terre, par suite de la perpendicularité du nouvel axe. Le Soleil se maintiendrait immuablement dans le plan de l'équateur. Durant toute l'année, il tracerait pendant douze heures sa course imperturbable […]. Donc les jours conserveraient une régularité parfaite, mesurés par le Soleil, qui se lèverait et se coucherait toutes les douze heures au même point de l'horizon.

«Et voyez les avantages! répétaient les amis du président Barbicane. Chacun, suivant son tempérament, pourra choisir le climat invariable qui conviendra à ses rhumes ou à ses rhumatismes, sur un globe où l'on ne connaîtra plus les variations de chaleur actuellement si regrettables!»

En résumé, Barbicane and Co, titans[1] modernes, allaient modifier l'état de choses qui existait depuis l'époque où le sphéroïde terrestre, penché sur son orbite, s'était concentré pour devenir la Terre telle qu'elle est.

À la vérité, l'observateur y perdrait quelques-unes des constellations ou étoiles qu'il est habitué à voir sur le champ du ciel. Le poète n'aurait plus les longues nuits d'hiver ni les longs jours d'été à encadrer dans ses rimes modernes «avec la consonne d'appui[2]»! Mais, en somme, quel profit pour la généralité des humains!

«De plus, répétaient les journaux dévoués au président Barbicane, puisque les productions du sol terrestre seront régularisées, l'agronome pourra distribuer à chaque espèce végétale la température qui lui paraîtra favorable!

– Bon! ripostaient les feuilles ennemies, est-ce qu'il n'y aura pas toujours des pluies, des grêles, des tempêtes, des trombes, des orages, tous ces météores qui parfois compromettent si gravement l'avenir des récoltes et la fortune des cultivateurs?

– Sans doute, reprenait le chœur des amis, mais ces désastres seront probablement plus rares par suite de la régularité climatérique qui empêchera les troubles de l'atmosphère! Oui! l'humanité profitera grandement de ce nouvel état de choses! […] Oui! Barbicane and Co auront rendu service aux générations présentes et futures, en détruisant, avec l'inégalité des jours et des nuits, la diversité fâcheuse des saisons! Oui! […], notre sphéroïde, à la surface duquel il fait toujours trop chaud ou trop froid, ne sera plus la planète aux rhumes, aux coryzas, aux fluxions de poitrine! Il n'y aura d'enrhumés que ceux qui le voudront bien, puisqu'il leur sera toujours loisible d'aller habiter un pays convenable à leurs bronches.»

Jules Verne, *Sans dessus dessous*, 1889.

1. **Titans**: géants dans la mythologie grecque. 2. **Consonne d'appui**: consonne qui permet de créer une rime en fin de vers.

Doc. B

Johannes Vermeer (1632-1675), *L'Astronome ou plutôt L'Astrologue*, 1668, huile sur toile (51 x 45 cm).

Les réponses aux questions doivent être entièrement rédigées sur votre copie.

Compréhension et compétences d'interprétation (27 points)

1 **De « On le comprend… » à « jusqu'aux Pôles »** (l. 1-7)

a. Relevez le champ lexical de la température. 2 pts

b. Quel est le constat effectué à propos du climat ? 1 pt

2 **De « Eh bien les choses » à « si regrettables ! »** (l. 8-22)

En vous appuyant sur le vocabulaire et la syntaxe, expliquez l'objectif visé par le projet des membres du Gun-Club. 3 pts

3 a. **De « Et voyez les avantages ! » à « généralité des humains »** (l. 17-34)

Comment sont présentés les membres du Gun-Club qui sont à l'initiative de ce projet ? 3 pts

b. **De « De plus » à « fortune des cultivateurs ? »** (l. 35-44)

Relevez une expression qui désigne leurs opposants. Expliquez par quel moyen de communication s'affrontent les deux camps ? 3 pts

4 **Pour défendre leur projet, quels avantages les amis de Barbicane mettent-ils en avant ?** Construisez votre réponse de manière organisée et appuyez-vous sur le texte. 5 pts

5 **De « À la vérité » à « fortune des cultivateurs ? »** (l. 28-44)

Face à ces arguments, quels sont les désavantages exposés par les opposants ? Que pensez-vous de leur efficacité ? 4 pts

6 **Comparez l'extrait de Jules Verne et le tableau de J. Vermeer, en vous appuyant sur des éléments précis du texte et de l'image.** 6 pts

Grammaire et compétences linguistiques (23 points)

7 **« invariable »** (l. 19)

a. Quelle est la nature grammaticale de ce mot ? 1 pt

b. Expliquez sa formation et indiquez son sens dans le texte. 2 pts

8 **« la diversité fâcheuse des saisons »** (l. 52-53) **Relevez et analysez les expansions du nom « diversité ».** 4 pts

9 **« passeraient »** (l. 8)

a. Identifiez le temps de ce verbe. 1 pt

b. Justifiez l'emploi de ce temps. 1 pt

10 **« Et voyez les avantages ! »** (l. 17) **Indiquez le type et la forme de cette phrase.** 2 pts

11 **« puisque les productions du sol terrestre seront régularisées »** (l. 36-37) **Indiquez la nature et la fonction de cette proposition subordonnée.** 2 pts

12 **Réécrivez l'extrait suivant au passé composé.**

« Le Soleil se maintiendrait immuablement dans le plan de l'équateur. Durant toute l'année, il tracerait pendant douze heures sa course imperturbable […]. Donc les jours conserveraient une régularité parfaite, mesurés par le Soleil, qui se lèverait et se coucherait toutes les douze heures au même point de l'horizon. » (l. 10-16) 10 pts

Dictée

20 min | 10 pts

Écrivez le texte sous la dictée de votre enseignant(e).

Rédaction

1 h 30 | 40 pts

Vous traiterez au choix l'un des sujets suivants.

• **Sujet d'imagination**

Le projet du Gun-Club s'est réalisé : l'axe de rotation de la Terre a été modifié, et vous habitez une région dont le climat s'est modifié. Écrivez une lettre au président Barbicane afin de décrire vos nouvelles conditions de vie, de partager vos sentiments et d'exprimer votre avis sur ce projet.

Vous indiquerez clairement la région choisie, et ferez part de vos sentiments et opinions.

• **Sujet de réflexion**

Selon vous, les rêves scientifiques représentent-ils toujours un progrès ?

Vous exposerez votre point de vue dans un développement organisé, d'une longueur minimale d'une soixantaine de lignes, en vous appuyant sur votre expérience, vos lectures, votre culture personnelle et les connaissances acquises dans les différentes disciplines.

Questions sur le texte et l'image

1h10 50 pts

Doc. A

Le Loup et le Chien

Un Loup n'avait que les os et la peau,
Tant les chiens faisaient bonne garde.
Ce Loup rencontre un Dogue aussi puissant que beau,
Gras, poli[1], qui s'était fourvoyé[2] par mégarde.
L'attaquer, le mettre en quartiers,
Sire Loup l'eût fait volontiers.
Mais il fallait livrer bataille,
Et le Mâtin[3] était de taille
À se défendre hardiment.
Le Loup donc l'aborde humblement,
Entre en propos, et lui fait compliment
Sur son embonpoint, qu'il admire.
« Il ne tiendra qu'à vous beau sire,
D'être aussi gras que moi, lui repartit le Chien.
Quittez les bois, vous ferez bien :
Vos pareils y sont misérables,
Cancres[4], haires[5], et pauvres diables,
Dont la condition est de mourir de faim.
Car quoi ? rien d'assuré : point de franche lippée[6] :
Tout à la pointe de l'épée.
Suivez-moi : vous aurez un bien meilleur destin. »
Le Loup reprit : « Que me faudra-t-il faire ?
– Presque rien, dit le Chien, donner la chasse aux gens
Portants bâtons, et mendiants ;
Flatter ceux du logis, à son Maître complaire :
Moyennant quoi votre salaire
Sera force reliefs de toutes les façons :
Os de poulets, os de pigeons,
Sans parler de mainte caresse. »
Le Loup déjà se forge une félicité
Qui le fait pleurer de tendresse.
Chemin faisant, il vit le col[7] du Chien pelé.
« Qu'est-ce là ? lui dit-il. – Rien. – Quoi ? rien ? – Peu de chose.
– Mais encor ? – Le collier dont je suis attaché
De ce que vous voyez est peut-être la cause.
– Attaché ? dit le Loup : vous ne courez donc pas
Où vous voulez ? – Pas toujours ; mais qu'importe ?
– Il importe si bien, que de tous vos repas
Je ne veux en aucune sorte,
Et ne voudrais pas même à ce prix un trésor. »
Cela dit, maître Loup s'enfuit, et court encor.

Jean de La Fontaine, *Les Fables*, Livre 1, 5, 1668.

1. Poli : qui a le poil luisant, en bonne santé. **2. S'était fourvoyé** : qui s'était égaré. **3. Mâtin** : gros chien de garde. **4. Cancres** : miséreux. **5. Haires** : ceux qui portent la « haire » (tissu grossier). Pauvres. **6. Lippée** : repas. **7. Col** : cou du chien.

Doc. B

Illustration de la fable « Le Loup et le Chien », de Jean de La Fontaine, par Grandville (1838-1840).

Les réponses aux questions doivent être entièrement rédigées sur votre copie.

Compréhension et compétences d'interprétation (32 points)

1 **Par quels mots ou par quelles expressions le loup et le chien sont-ils désignés dans la fable ? Quelle image des deux animaux est présentée ?** 3 pts

2 **Quels éléments composent le portrait physique du loup et du chien ? Quels sont les rapports logiques entre les deux portraits ?** 5 pts

3 **En vous appuyant sur un relevé précis, caractérisez les modes de vie du loup et du chien.** 4 pts

4 **Dans les vers 13 à 29, quels arguments et quels procédés d'écriture (lexique, types de phrases...) le chien utilise-t-il pour défendre sa condition ? Comment le loup réagit-il aux propos du chien ?** 6 pts

5 **À quel moment précis le loup rejette-t-il le mode de vie du chien ? Pour quelles raisons ? Comment ce rejet est-il mis en valeur ?** 4 pts

6 **Quelle est la morale de cette fable ? Comment est-elle exprimée ? Que révèle-t-elle de l'art de La Fontaine ?** 4 pts

7 **Quels liens pouvez-vous établir entre la fable de La Fontaine et l'illustration de Grandville ?** Des références au texte et des éléments descriptifs de l'image sont attendus. 6 pts

Grammaire et compétences linguistiques (18 points)

8 **Dans les vers 1 à 12, relevez les verbes conjugués ; précisez à quels modes et temps ils sont employés. Quelle particularité remarquez-vous dans l'emploi des temps ? Quelle est leur valeur ?** 4 pts

9 **« il vit le col du Chien <u>pelé</u> »** (vers 32). **Dans cette phrase, quelles sont la nature et la fonction du terme souligné ? Que signifie-t-il ? Quels mots de la même famille pouvez-vous citer ?** 4 pts

10 **Remplacez les trois noms au singulier « Loup », « Dogue », « Mâtin » par le pluriel. Effectuez toutes les modifications nécessaires dans les phrases.**

« Un Loup n'avait que les os et la peau,
Tant les chiens faisaient bonne garde.
Ce Loup rencontre un Dogue aussi puissant que beau,
Gras, poli, qui s'était fourvoyé par mégarde.
L'attaquer, le mettre en quartiers,
Sire Loup l'eût fait volontiers.
Mais il fallait livrer bataille,
Et le Mâtin était de taille
À se défendre hardiment. » (vers 1-9)

10 pts

Dictée

20 min | 10 pts

Écrivez le texte sous la dictée de votre enseignant(e).

Rédaction

1 h 30 | 40 pts

Vous traiterez au choix l'un des sujets suivants.

• Sujet d'imagination

Après avoir rencontré le Chien, le Loup rentre dans sa tanière où il retrouve ses petits. Il leur fait alors l'éloge de la liberté.
Vous utiliserez le discours direct et emploierez au moins trois figures de style pour mettre en valeur le propos du Loup.

• Sujet de réflexion

Quelles sont les principales fonctions d'une fable ?
Vous répondrez à cette question par un développement argumenté d'une soixantaine de lignes, en vous appuyant sur les œuvres étudiées en classe et vos lectures personnelles.

MÉMO

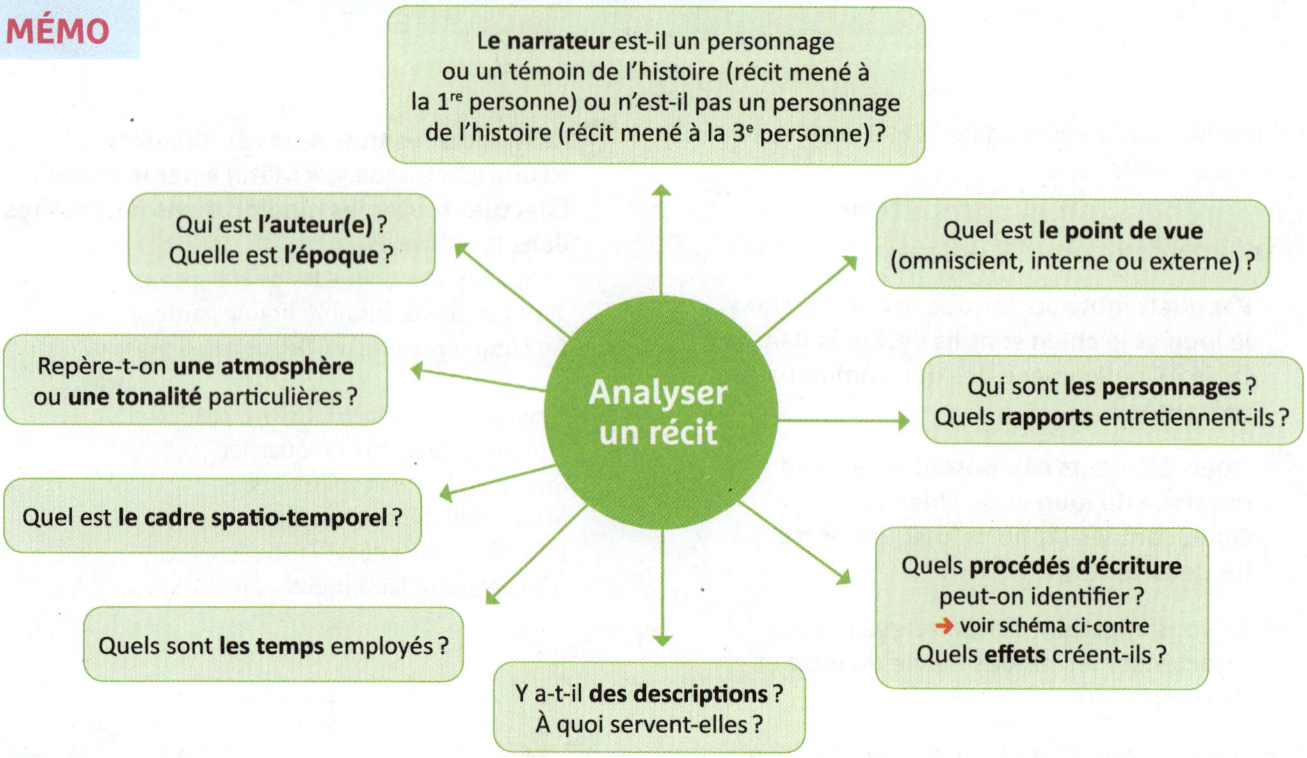

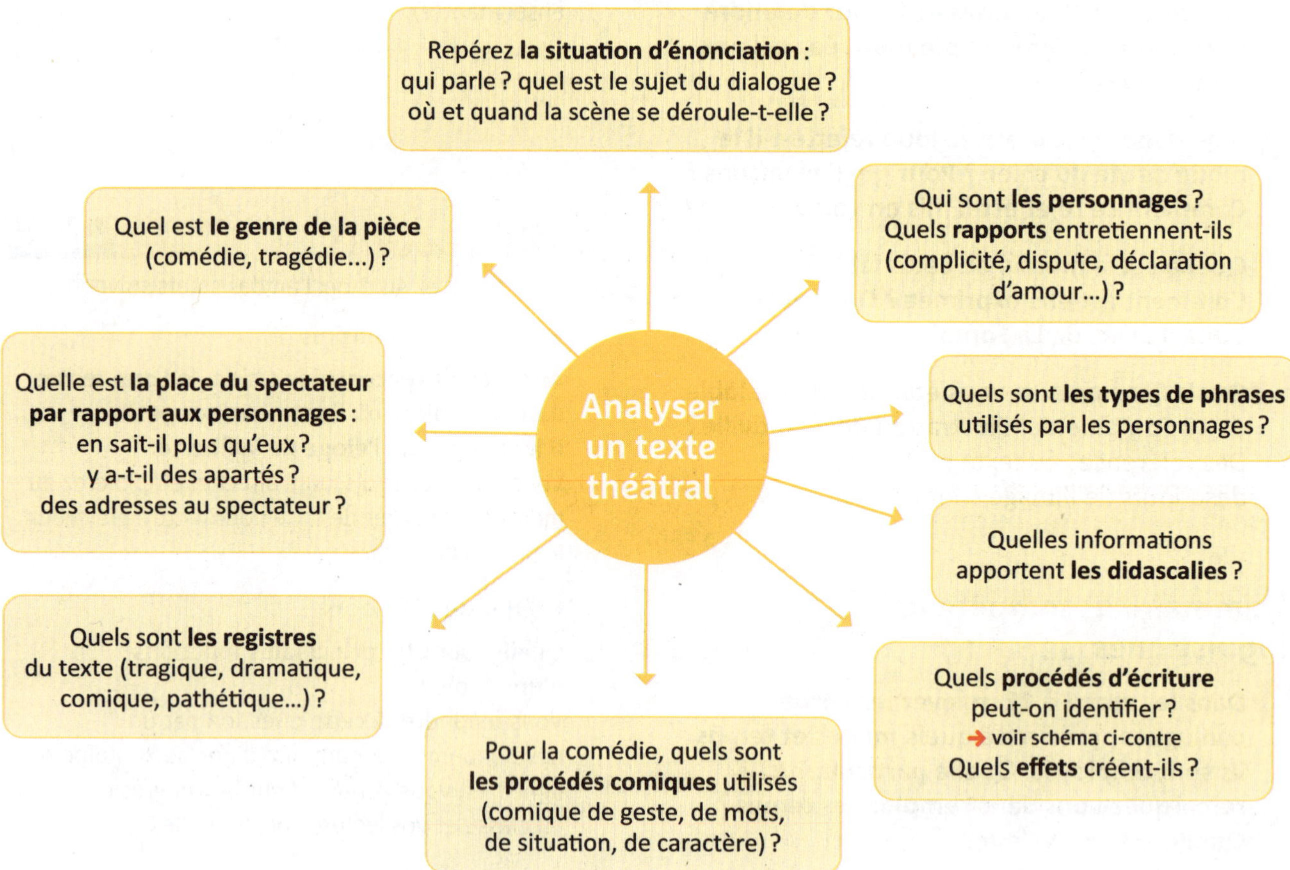

Direction éditoriale : Elsa Froment. **Édition :** Josiane Attucci-Jan. **Chargée d'édition multimédia :** Laurélenn Brière.
Direction artistique : Audrey Hette. **Adaptation maquette et mise en page :** Anne Aubert. **Conception couverture :** Véronique Rossi.
Illustrations de couverture : Axelle Vanhoof et Anne-Lise Nalin. **Prépresse :** Arthur Caillard. **Fabrication :** Marianne Sigogne et Zoé Faré-Vilalta.